整う住まい。

いつも心地よく、
いつまでも美しく

X-Knowledge

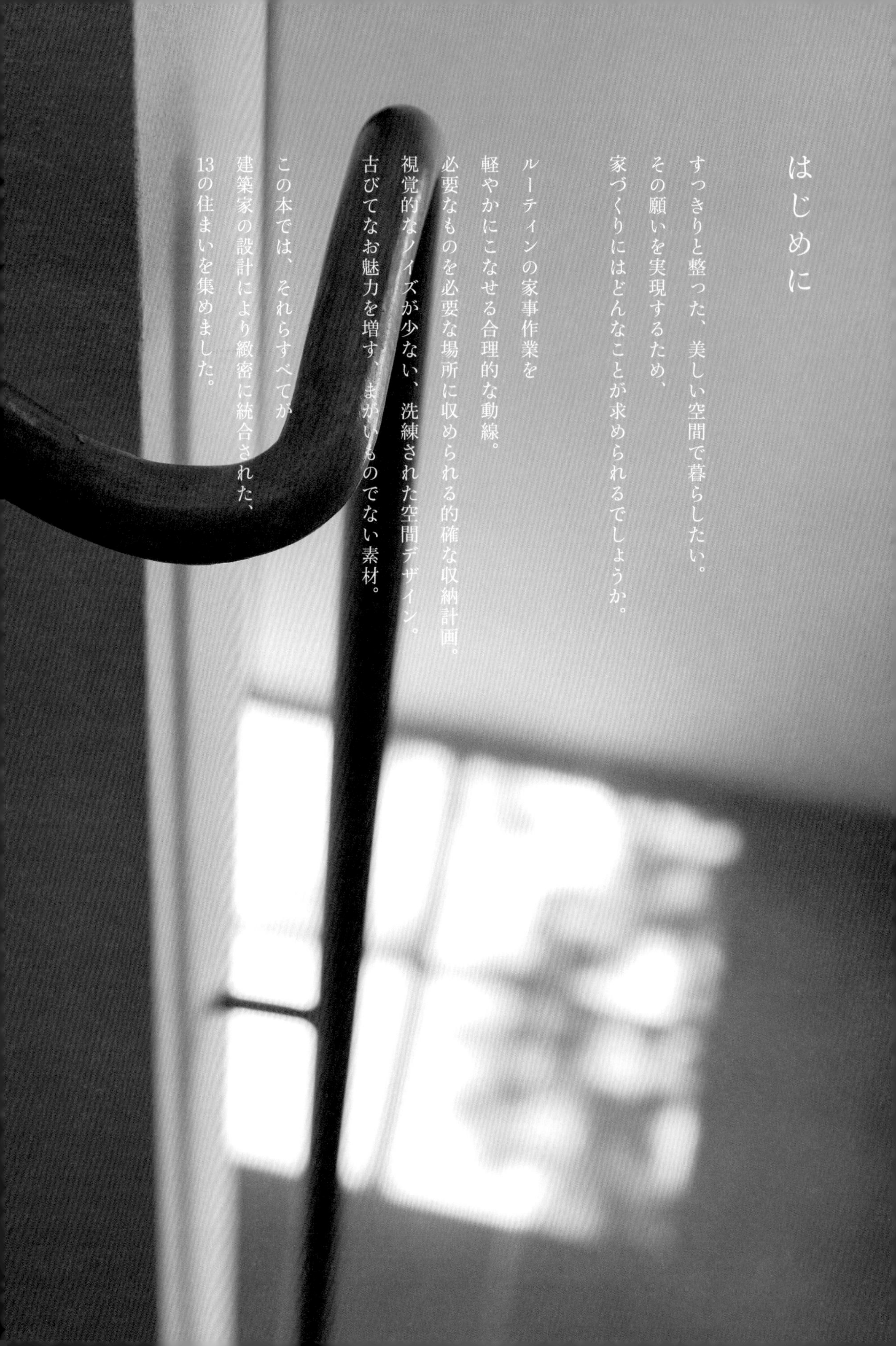

はじめに

すっきりと整った、美しい空間で暮らしたい。
その願いを実現するため、
家づくりにはどんなことが求められるでしょうか。

ルーティンの家事作業を
軽やかにこなせる合理的な動線。
必要なものを必要な場所に収められる的確な収納計画。
視覚的なノイズが少ない、洗練された空間デザイン。
古びてなお魅力を増す、まがいものでない素材。

この本では、それらすべてが
建築家の設計により緻密に統合された、
13の住まいを集めました。

満足度の高い住まいでは、家の中で過ごす時間が愛おしく、
日々、整える作業が楽しいものになること。
わが家への愛着が深まることで、
掃除や整理整頓が苦でなくなり
コーディネートの着想が泉のように湧き出ることを
多くの住まい手たちが教えてくれます。

合理性と美しさを兼ね備えた住宅での
行き届いた暮らしぶりから見えてくるのは、
お気に入りの空間で過ごすことの喜びが
整った暮らしを持続させるのだということ。

家で過ごす時間の大切さに改めて目を向け、
これから家づくりに取り組むあなたが
何かしらのヒントを見つけてくださることを願います。

整う住まい。

いつも心地よく、いつまでも美しく

contents

写真／奥田正治
取材・文／松川絵里
デザイン／工藤亜矢子（OKAPPA DESIGN）
間取りイラスト／ハマモトヒロキ
編集／別府美絹（エクスナレッジ）

整う住まい 01

気持ちもものも
ゆるりと整う
退職後の安穏

夫婦が歴史を重ねた場所で、リタイア後を見据えて建て替えをした。大量の荷物は1/3に縮小。適材適所の造作収納と動きやすい動線計画で、わが家は念願通りの心地よさに。

（埼玉県S邸）

右：3階から2階のリビング・ダイニングを見下ろす。道路側には腰掛けられる高さの出窓を設置。置き家具は、カイアールのダイニングテーブル（直径1.2m）と奥村昭雄のはんぺんチェア。チェストはhao & mei（ハオアンドメイ）傍島浩美。**左**：壁面には飾り棚＋収納を造作。上部扉の張り地は軽やかな印象のラタン。

曲面天井と空中庭園
ふんわり浮かぶ
2階リビング

3 2 1
5
4

1 リビング・ダイニングに隣接するバルコニーにも土を入れて植栽を。右手から地植えの木々が伸びてきて、景色がつながる。**2** チェストは空間のバランスをとるために、暮らし始めてしばらく後にオーダー。妻の好きな沖縄の大皿をしまって。**3** テレビまわりも造作。エアコンはガラリで覆い、その右側には分電盤が収まる。**4** 傍島浩美のオーダー家具は熊澤さんが工事中に現場に持ち込み、空間に合っているか確認した。奥は階段の上がり口。**5** 窓は出入りのための掃き出し窓、景色を切り取るはめ殺し窓、通風用の小窓の組み合わせ。

ものがちょうどよく収まるから
散らからず、しっかり片付く

1 木で丁寧につくられた造作家具に囲まれるキッチンは、小窓から緑も見えて快適。右下にある白い面材の引き出し下は、野菜カゴを入れられるようにフリーにして、引き出しても傷つかないようにタイルを張った。**2** 眺めても楽しいカゴ類は、扉のない棚に飾るようにしてしまう。**3** 流しの前のタイル壁には、吊り下げ用のパイプを設置。濡れたままでも掛けられて、サッと取れるのがいい。**4** 吊り棚は、使う頻度の高い人の背丈に高さを合わせて。**5** フライパンは立ててしまえるように仕切り板を付けた。**6** 鍋を入れる引き出し収納の底は、ステンレスのすのこにして通気性を確保。**7** 手持ちの食器棚を生かせるよう、ぴったり収まるスペースをつくってもらった。

4 3 2
7 6 5　1

高い曲面天井がまろやかな光に満たされ、窓辺を緑に囲まれるリビング・ダイニング。夫妻がこの場所に暮らし始めたのは40年前。新築で購入した分譲住宅は、まわりをぴっちりと建物に囲まれて薄暗く、動線も悪い上、庭を眺める楽しみもなかった。それでも35年間住み続け、定年を控える歳に。老後の暮らしも視野に入れつつの建て替えとなった。

「本や雑誌などで家づくりの情報を集めていました」という妻。建築家・熊澤安子さんとの出会いは偶然に見たテレビ番組。「理想の家」だと直感した。

熊澤さんから提案されたプランは、想定外の3階建て。「30坪の敷地内に3台分の駐車スペースを確保する必要がありました。リタイア後は夫妻が家で過ごす時間が長くなることを考え、それぞれが個の時間を大切にできるスペースもつくりたい。3階建てならゆとりをもたせることができます」(熊澤さん)。階段は一段の高さを低めにして昇り降りしやすく。いざとなればエレベーターを増設できるスペースも用意し、将来の安心もカバーしている。

同じ場所での建て替えとは思えないほど、薄暗かった以前の家の印象はない。曇りや雨の日も、白い漆喰の壁・天井の効果

3 2
1

1 良質な家具でゾーニングすることで居心地の良さをつくる。窓の下端を床から45cmと低くしていることも、開放的な空間に落ち着きを添えるポイント。フローリングはタモ。**2** 外からの目隠しにはカーテンではなく外の緑が透ける布の障子を。**3** 食卓でくつろぐ夫妻。退職してからも趣味や家のことなど、何かと忙しい。

でしっとりとした明るさと清浄な空気感が保たれる。寝室や浴室などプライベートな機能を集めた1階とリビング・ダイニングのあるパブリックな2階は、あえて分離されたイメージに。反対に2階と3階は吹き抜けでつながり、空間を共有する。3階にあるのは、小さな和室と書斎。デスクに向かってパソコン作業をしたり、畳に寝転がって本を読んだり。ときにはここに布団を敷いて「ちょっと旅館に泊まりに来たような気分」を味わうこともある。

「前の家は動線の悪さから片付けにくく掃除をする気にもなれなくて。今はきれいな状態を保てるので、急にお客さんが来てもすぐリビングに上がってもらえます。ちょうどいい場所に造り付けの収納があるので、ものが出しっ放しにならないんです」(妻)。収納計画は「使うものを使う場所にしまう分散収納が基本」と熊澤さん。置き家具が少ないから、掃除もラクだ。

住み始めて5年。夫妻はそれぞれの居場所を持ち、ゆとりある日々を送る。部屋がスッキリして視界がクリアなせいか、窓の外の緑が際立って見える。テラスの草木は蝶や鳥が集まる生態系に育った。それを、時を忘れて観察する夫。第二の人生は、何気ない喜びに彩られている。

2 1

4 3

1 洗面台下の収納は床から浮かせて、足元をフリーに。部屋を広く見せる効果がある。**2** 洗面所とトイレ（写真左）の間には建具を付けず、広がりをもたせた。２階にもトイレがあるので支障はない。正面は造作による浴室で、タイルの床・腰壁と板張りの壁・天井を組み合わせた。**3** １階寝室の奥には大容量のウォークインクローゼット。ベッドの頭のところに、それぞれ読書灯を設けた。**4** 寝室の外には物干しスペースも用意。クローゼットに近いからしまいやすい。

6
5
7

5 玄関の靴収納の裏側には、帽子や上着、かばんなどをちょい掛けできるフックが。電話やインターフォンの子機を置くためのニッチもつくった。**6** 靴収納の上の天板はタイル張り。白い扉は、手かけの部分を木地にしておくことで汚れにくくなる。散らかりがちなキー類は小さなカゴに入れて。**7** 防犯を兼ねたスリットからの光が魅力的な玄関。右下は郵便受けの取り出し口。

2　1

4　3

1 階段上り口の窓の格子戸から漏れる光。漆喰の壁には独特の明るい陰影が出る。**2** 1階ホールから2階へ、光に向かって上っていくような階段。漆喰のコテ跡が艶を帯びて見える。**3** 3階にある5畳ほどの和室は、天井高をぐっと抑えた。右手の障子を開けるとリビング・ダイニングを見下ろせる。**4** デスクと棚を造り付けた3階の書斎は、籠もってひとりの時間を過ごせる場所。窓の向こうは建物の切れ目で、視線の抜けも楽しめる。

CASE 01　Sさんの間取りと収納

DATA				
敷地面積	100.04㎡（30.26 坪）		家族構成	夫婦
延べ床面積	108.13㎡		設計	熊澤安子建築設計室
	1 階：41.64㎡　2 階：44.54㎡　3 階：21.95㎡		施工	幹建設
竣工	2015 年			

回遊動線をもたせた独立型のキッチン。壁面を利用した収納が豊富。木製の造作家具に囲まれ、窓辺には居心地の良いカウンターが。

書斎には、デスクと書棚を造作。パソコンやプリンター、趣味の本はここに置いて。ひとりの時間を味わえる場所。

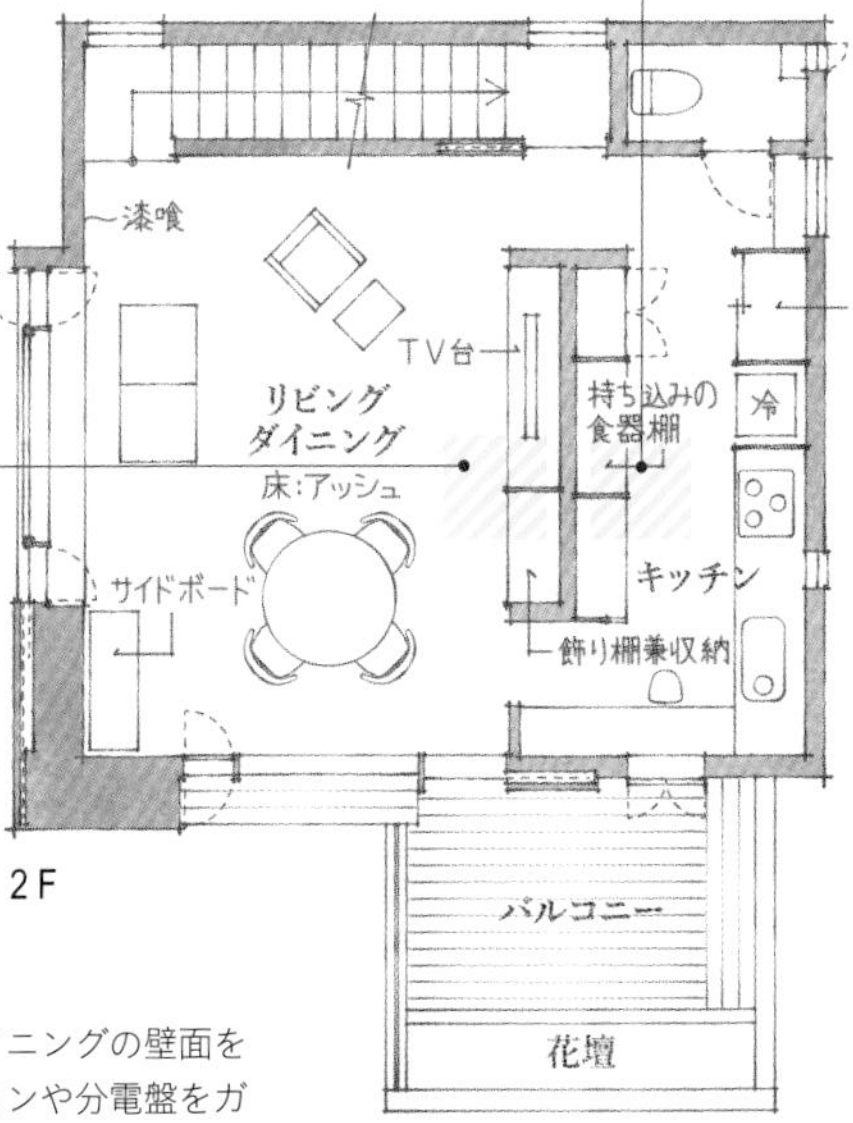

2F

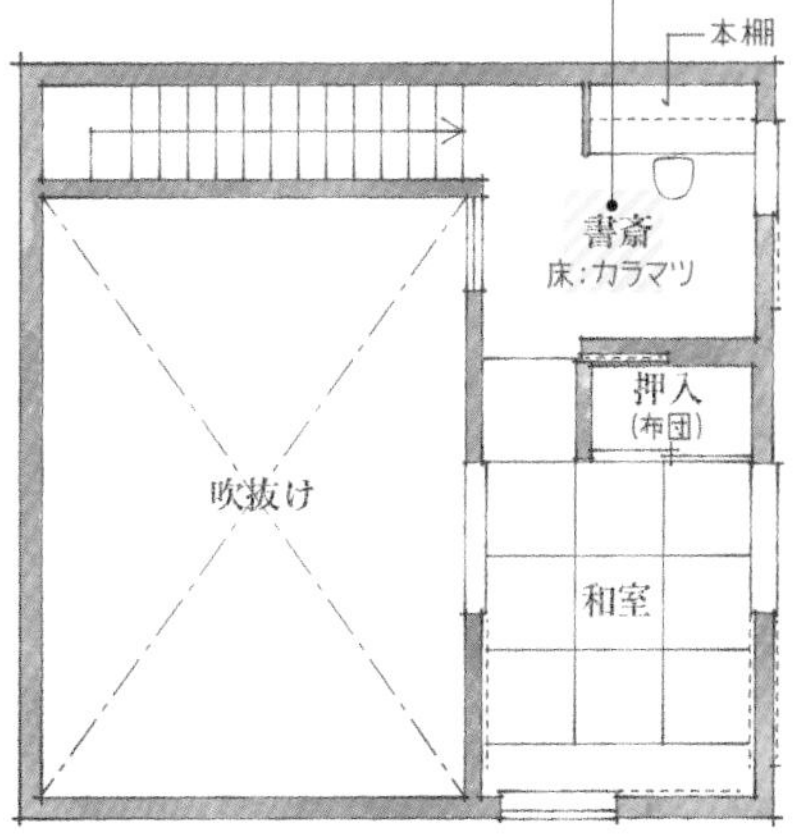

3F

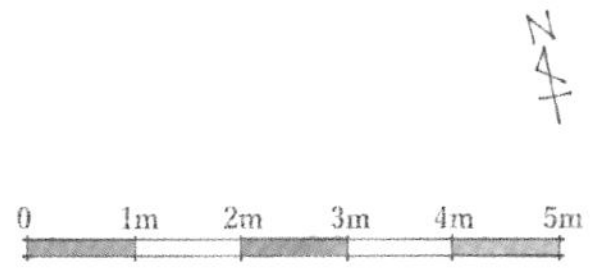

リビング・ダイニングの壁面を用いて、エアコンや分電盤をガラリや扉で隠し、テレビ台、飾り棚、扉付きの収納を一体的にデザインした。

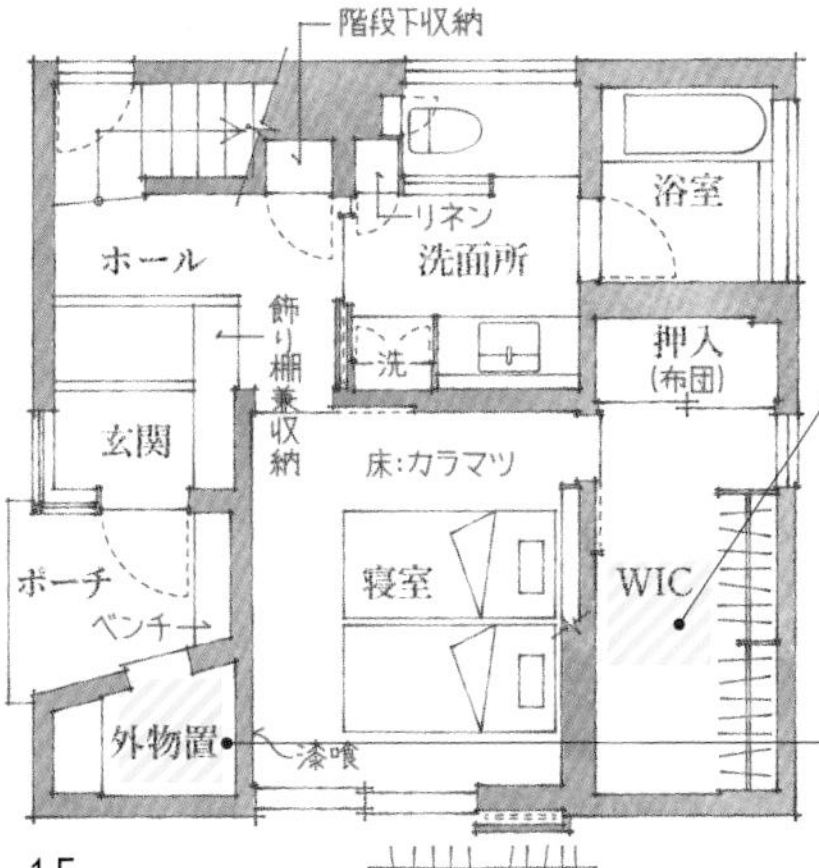

1F

寝室の隣に設けた大型ウォークインクローゼットに衣類をまとめて収納。寝室外の物干しスペースからも近いので乾いた服をしまいやすい。

玄関ポーチから使う外物置には、脚立や外まわりの掃除道具、ゴミ箱、工具などをしまう。土のついたものでも気にせずしまえて便利。

2階のLDKでは、壁に沿ってキッチンと収納を造作。壁側の収納扉は壁と同色にして溶け込ませた。ナラの作業台は別注で、tampere（タンペレ）にオーダー。

整う住まい 02

引っ越しごとに
高まった整理の[illegible]
収納内もゆったりと

ひとつのものを購入するにも、じっくりと時間をかけるという鈴木さん夫妻。引っ越しを繰り返す中で整理術を身につけ、長く使えるものだけを手元に。研ぎ澄まされた暮らし方の舞台は、やはり研ぎ澄まされた空間でなければ。（東京都　鈴木邸）

2　1

1 リビングの窓は斜向いにある公園の緑だけを切り取るように、慎重に設けた。LDKにさほど大きな窓はないが、傾斜天井への反射光が回って明るさも十分。ソファはHao & Mei（ハオアンドメイ）、テレビ台はHolly Wood Buddy Furniture（ホリーウッドバディファニチュア）。**2** 五角形の部屋に収まりのいい円卓もHao & Meiで、直径は1.2m。ダイニングの三脚の椅子は以前から持っていたモーエンセンJ39。ペンダント照明は蠣崎マコト。

天然素材と無彩色に限定されているから、収納の中まできれい。可変棚をうまく調整して無駄なく使い切る。一番右の棚には裁縫で使う道具や材料を。

扉の中もゆとりが大事
ものを選ぶときは慎重に

6 5　2 1
8 7　4 3

1 広い作業台の上はいつもものがなくすっきり。ふだんは食器を手早く出して盛り付けができ、ときにはパンやピザの生地をこねる台にもなる。**2** 窓辺には大好きなガラスポットを置いて、光の効果を楽しむ。**3** 壁側の造作収納は、扉を壁と同色にして空間に溶け込ませた。**4** 作業台の内側にゴミ箱を隠す。その上は普段使いのカトラリーをサッと取り出せるよう、トレイに分類。**5** 色味や素材を吟味された道具は、吊るしても絵になる。**6** シンクの一部を凹ませて洗剤やハンドソープの指定席に。遠くから見たときもボトルが目立たない。**7** 冷蔵庫の上のスペースも余さず吊り棚を付けて活用。そのすぐ右側は吊り収納に見えるが、中には換気扇が組み込まれている。**8** 浅い引き出しの内部には小分けのトレイを入れて整然と。輪ゴムの器は実験用シャーレ。

「土地を見たときに、リビングは2階だと直感しました。公園への抜けを生かせそうだったので」と、建築家の水野純也さん。東の角が尖ったイレギュラーな敷地形状で設計が難航することも予想していたが、一日であっさりかたちになってしまったという。「あれ、難しいはずなのにおかしいなと、念のためいろいろ検討し直したくらいで」。その第一案が、鈴木信吾さん・麻衣さん夫妻のストライクゾーンにパシッと入った。麻衣さんは「ヒアリングのときに『教会のような感じ』とか『ほの暗い感じ』といった抽象的なことしかお話ししなかったので、水野さんを困らせてしまったのではと心配になりました」と言うが、水野さんは夫妻のこだわりポイントをうまく嗅ぎ分けられたようだ。

「私達はふたりとも、ものを整理して暮らしたいタイプ。長く使えるものだけを持つようにしています」と信吾さん。転勤が多く、結婚後11年ですでに転居を4回も経験している。引っ越しを楽にするために不要なものを削ぎ落とすうち、身に付いた整理の作法。夫妻のライフスタイルを叶えるため、水野さんは延床面積27坪と広さが限られる中でも、適正な収納量の確保に心を砕いた。1階には信吾さんの趣味のキャンプ用品を収める納戸、玄関ホールの壁面収納、階段下収納などを豊富に。その上で、寝室前にちょっとしたフリースペースをつくり、洗面と脱衣を分けるなど、ぜいたくともいえるゆとりも保っている。

外に閉じ陰影のある1階から2階へ上がると、大広間へと開放される。「遊びに来た人はみんな、わー！ってなります」(麻衣さん)。敷地形状を巧みに取り入れた五角形のLDKは、漆喰で白く塗り回されていて明るい。棟部分の高い天井がリビングに向かうに従ってなだれくだり、視線の着地点は窓に映る公園の緑。

部屋には家具作家によるソファやダイニングテーブルが置かれ、端然としたフォルムが静けさを醸し出す。壁沿いにつくられたキッチンは背景に徹し、壁・天井と同じく真っ白に。扉に取っ手もなく極めてシンプル。「キッチンはとても使いやすいです。作業台が広いから盛りつけが楽だし、子どもたちが食器を並べたり、お手伝いもけっこうしてくれます」(麻衣さん)。

麻衣さんは、この家についてひとつだけ難点があると切り出した。それは「居心地が良すぎて引きこもりがちになること」。思い描いた通りの住まいを手に入れた人からしか、出ない言葉だ。

3
2 1

1 午後になると、階段の漆喰壁にきらきら木漏れ日の反射光が。**2** ミシン掛けをする書斎コーナーのすぐ横にミシンをしまって。「私だけ自分の部屋がないから、このデスクが私の場所です」(麻衣さん)。**3** 開口部は右側がFIXで左側が通風用の縦滑り出し窓。「天井の頂部を角からちょっとずらすことで、優しい空間になりました」(水野さん)。

まずはざっくり
場所だけ決めると
収納がうまくいく

5 4　1
7 6　2
　　　3

1 寝室のクローゼットは左を麻衣さん、右を信吾さん、と使い分け。ケース類も白ベースを堅持。**2** 玄関横の納戸にはキャンプ用品を。デスクは信吾さんの書斎にも。**3** 玄関の壁面収納には、上着やスーツケース、シーズンオフの家電や、工具類など。「収納の中もギチギチではなく、余白がある方がいいですね」（麻衣さん）。**4** 洗面台まわりには、なるべくものを出しっ放しにせず、庭の草花を生ける。**5** 洗面所の引き戸を開けておけば、廊下から洗面所までタイルの床が続き、一連の空間として広く感じられる。寝室の入り口に書棚があるので、寝る前に本を手にとってベッドへという流れがスムーズ。**6** 洗面台の背面には扉付きの収納が。歯ブラシも珪藻土のトレイに載せて収納内にしまっている。**7** 洗面所と浴室の間にある、洗濯・脱衣所。下着類やタオルはここに置かれている。

おちゃのじかん
きた
とら

2　1

4　3

1 1階の床はタイルとモルタルの硬質な仕上げ。寝室や水まわりには床暖房があり、夏はひんやり。**2** 子ども部屋は今のところオープンに使い、必要になれば間仕切りを入れる。**3** 自分で整理できるようにと、子ども部屋にはそれぞれにデスクとクローゼットを造作。「最初から造り込むのはどうかなとも思いましたが、将来は夫と私が使ってもいいですし」（麻衣さん）**4** 子ども部屋の入り口にある棚には学用品を。

CASE 02　鈴木さんの間取りと収納

DATA				
	敷地面積	90.45㎡（27.36 坪）	家族構成	夫婦＋子 2 人
	延べ床面積	90.45㎡	設計	水野純也建築設計事務所
		1 階：42.17㎡　2 階：48.28㎡	施工	司建築計画
	竣工	2019 年		

作業台の上は、気持ちよく使えるようにできるだけ物を置かない。下には食器を入れる引き出し収納とゴミ箱のスペースを。

子ども部屋の入り口に造作した棚に、学用品をまとめて整理。帰ってきたらすぐにランドセルや教材をしまうと散らからない。

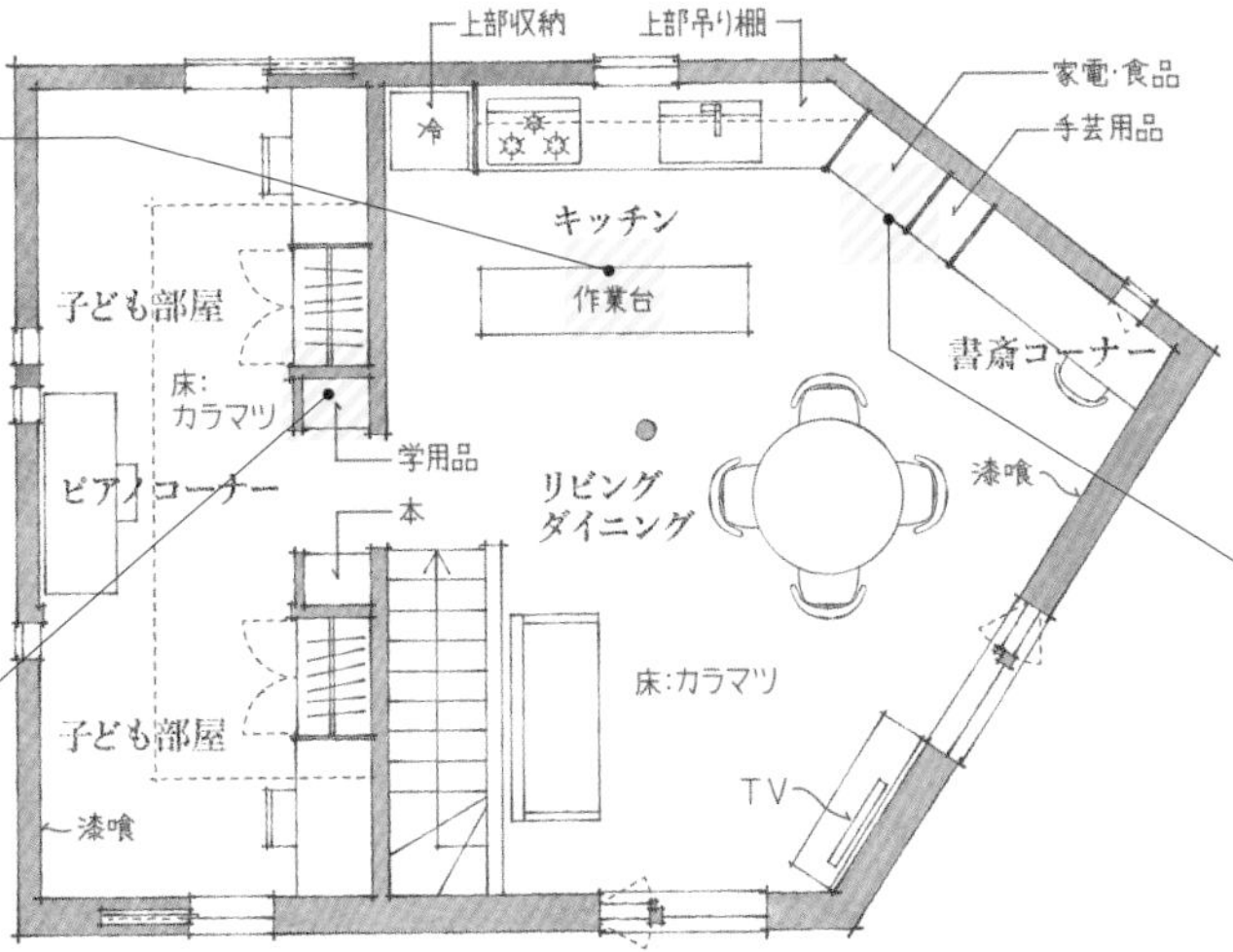

2F

キッチン寄りには調理家電や鍋、食材ストックなど。デスク寄りにはミシンや裁縫道具、布や本などを収納。扉は壁と同色に。

洗面所とは別に洗濯・脱衣所をつくった。アイロンがけもできる台の下に、ひとりにひとつカゴを設置。入浴後に着る物をしまっている。

書棚は、寝る前に読む本を選んでベッドへという流れに即した配置。作家もののオブジェを飾るギャラリー的な棚でもある。

玄関横の納戸は、キャンプ用品の収納場所。土間なので靴のまま入れて車への積み込みも楽。デスクがあり、夫の書斎としても使う。

靴収納とは別に、上着も掛けられる納戸的な壁面収納を玄関に。スーツケース、シーズンオフの家電や、工具などもここに。

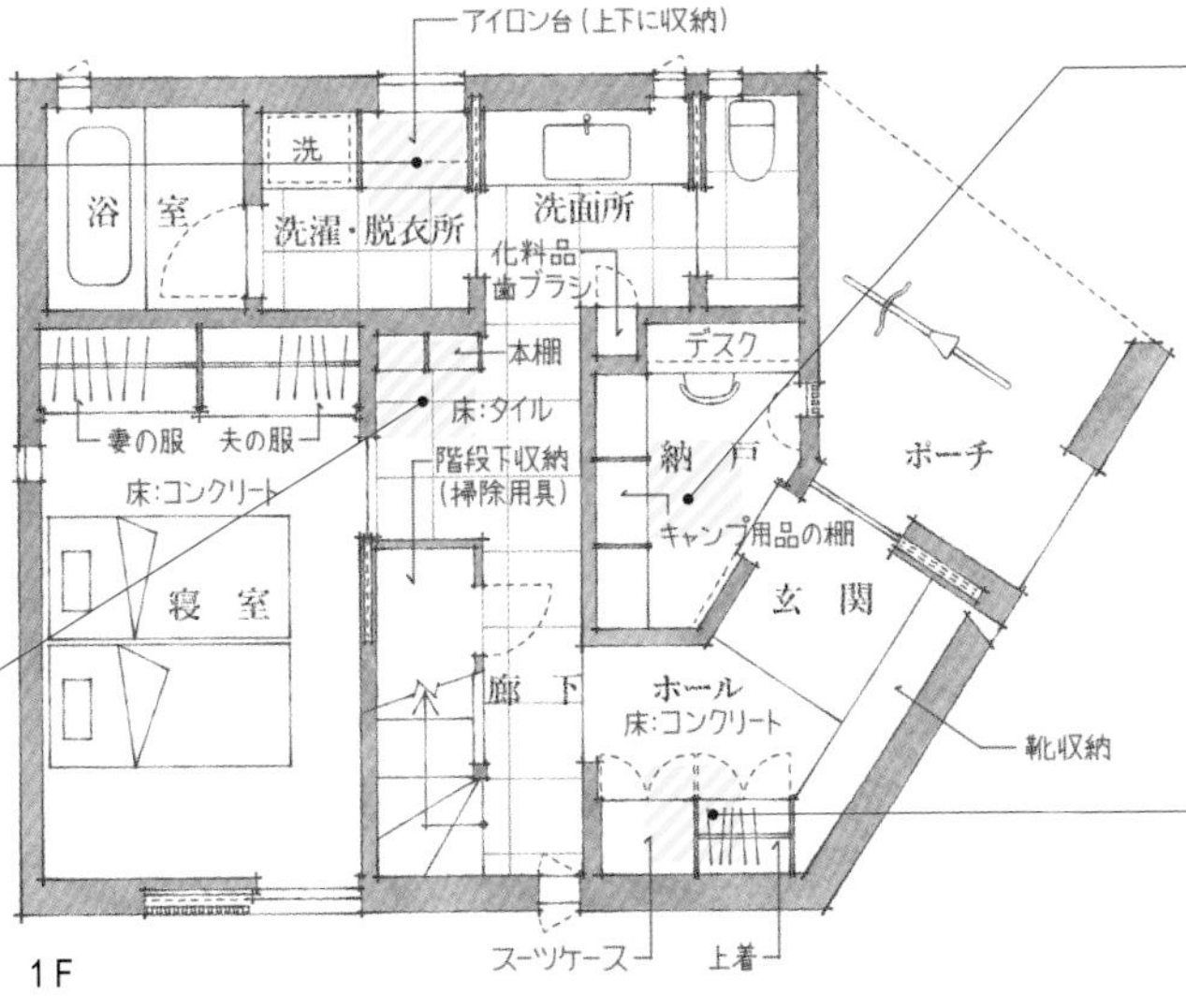

1F

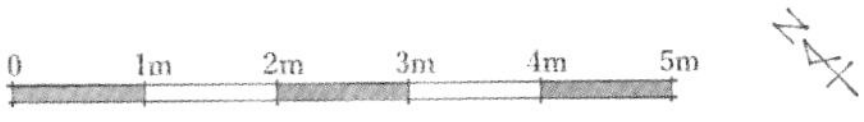

グレージュでまとめられたリビング。新たにつくった壁厚の裏に壁付けテレビの配線を隠し、ソファの背面のみ窪ませて奥行きをつくった。壁・天井の塗装は、3段階くらいグレー寄りの白を採用。

整う住まい 03

築46年、54㎡。美術館のようにきれいに暮らす

好立地を条件に選んだ中古マンションをリノベーション。家族4人には手狭な物件で快適な暮らしをつくるため、寝室は小さく、リビングは大きく。グレーのグラデーションの中で空間美に浸る。

（神奈川県 浅山邸）

優しいグレーの
グラデーションで
シック&クールに

2
3　1
4

1 スペースの確保を優先して壁付けにしたキッチンは、キッチンハウスにオーダー。ワークトップと扉の面材には同じドイツ製のメラミン素材を使用。壁は名古屋モザイクの結晶柄のタイル、床はグレーの大判タイル。**2** 飾り棚に置くものは厳選し、お気に入りのものを少しだけにとどめる。**3** キッチンの左端には書類や薬類、お絵かきセットなどの日用品を収納。書類は立てて入れると取り出しやすい。**4** 水平ラインで広く感じられる効果をねらい、垂れ壁風のカーテンボックスを左右いっぱいに通した。壁の部分もカーテンでつなげて一面に見せるのも、見た目を整えるテクニック。

ものの住所が決まると暮らしが機能的になる

3 2
1
6 5 4

1 ダイニングとリビングで床の高さを変え、床材も硬軟切り替えてゾーニング。くつろぎのモードが多様化し、広さも感じられる。**2** 子ども用の収納は、すぐに組み替えられるボックス家具に。キリの板でつくられたサイズ違いの箱は椅子や机にもなり、自由に組み替えられる。軽いので子どもだけでも動かせる。**3** ソファコーナーには本を置けるニッチをつくった。今はおもちゃを飾る場所に。ワンポイントをきかせたペンダント照明はFLOS（フロス）のストリングライトで、調光が可能。**4** 造作ソファの座面下も一部を収納に。ペンダント照明の電源も中に組み込まれている。コンセントは木部の下の目立たない位置に。**5** 梁の下面に板を取り付け、本棚として使う。**6** マグネットの付けられる壁をつくり、子どもの遊び場に。

浅山さん夫妻は、第二子の妊娠をきっかけに中古マンションを購入し、自分たちらしくリノベーションをすることを選んだ。オリジナル性を求め設計を依頼したのは、建築家の大内久美子さん。「大内さんはご自宅もリノベーションされていて、それまで見たことがないような素敵な雰囲気に惹かれました」という妻は、美術館やホテルなどの洗練された空間を好む感覚派。夫は「ものの住所をはっきり決めておきたい。機能的な暮らしが理想」という理性派だが、美しい空間を愛する点で二人は一致している。

住戸の面積は54㎡。夫婦と子ども二人が暮らすにはギリギリの広さといえる。子どもが成長したら住み替えることも視野に、設計は現在と短期的な将来にフォーカス。寝室はクローゼットを含めベッドを置ける最小限の面積に絞り、家族が長く過ごすリビングまわりを最大限広くした。

淡いグレーを基調としたモノトーンの室内は静謐そのもの。玄関から廊下、ダイニングキッチンには大判タイル、床を窪ませたリビングには毛足の長いカーペットが敷き詰められている。「対面キッチンを希望したところ、大内さんから壁付けにしてまとまったスペースを得るプランを提案されて。話し合いの中で、快適に暮らせるイメージが湧いてきました」と妻。3mの長いキッチンは天板と扉の面材をグレージュ色のメラミンで統一。天然石にも見える結晶柄のタイルとの相性もよく、眺めて楽しむインテリアになっている。

できるだけ広く感じさせるために積み重ねられた、数センチ単位の攻防。テレビの配線を隠すためにつくった壁厚は、ソファの背面だけ凹ませる。ベランダ側のふたつの開口部はカーテンでつなげて一面に見せ、横の広がりを強調。目障りな梁は、あえて下面に板を取り付けて幅を広げ、棚として活用した。夫はそうした細やかなデザイン上の配慮を見逃さず、「私達の感性にマッチしていて、気持ちがいいんです」と満足げだ。

「小さな住戸では、場所ごとにしまうものに合わせた細かい収納をつくると、かえって省スペースになりますよ」と大内さん。妻は子どものおもちゃが増えていくたびに、部屋のきれいさを保てるか不安だったが、「ちゃんと隠す場所をつくってもらったので、だいじょうぶ。毎日が楽しい、うれしい、そんな感じです」と微笑む。幼な子二人の世話に追われながらも片付けが苦にならないのは、この部屋の端正な魅力を愛してやまないからだ。

3 2 1

1「床でゴロゴロくつろぎたい」という要望から、リビングの床はカーペット敷きに。ペンダント照明のコードも空間デザインの一部。**2** 玄関土間はベビーカーを置けるように広くした。廊下沿いに見えているのが靴収納。**3** 右写真で見えている収納の下部が、廊下側から使用する靴収納。上部は寝室側から使うクローゼットになっている。

2 1

4 3

1 外に通じる窓のない寝室には、内窓を通して光を取り入れている。ベッドを置くといっぱいのサイズだが「寝るだけの場所」と割り切って。左手のクローゼットの下部は、廊下側から使う靴収納。**2** 寝室の一画をクローゼットにあて、カーテンで仕切ることで扉を引くスペースを節約。**3** 造作の洗面台もテーマカラーのグレーで統一。狭いのですっきり見えるシンプルなデザインに。**4** トイレ内の収納には、座って手が届く高さにニッチを設けた。

CASE 03　浅山さんの間取りと収納

DATA				
	専有面積	54.14㎡	設計	Small Design Studio
	リノベーション竣工	2018 年	施工	沢井工務店
	家族構成	夫婦＋子２人		

寝室の一画にパイプハンガーを付けたクローゼット。扉は付けずにカーテンで軽く仕切って、使いやすくスペースの節約にも。

廊下と寝室を造作収納で仕切る。上部を寝室側から使うクローゼットに、下部を廊下側から使う靴収納に振り分けている。

キッチンと寝室を仕切る内窓とカウンター収納を造作。家電や食材をしまうパントリーとして機能している。

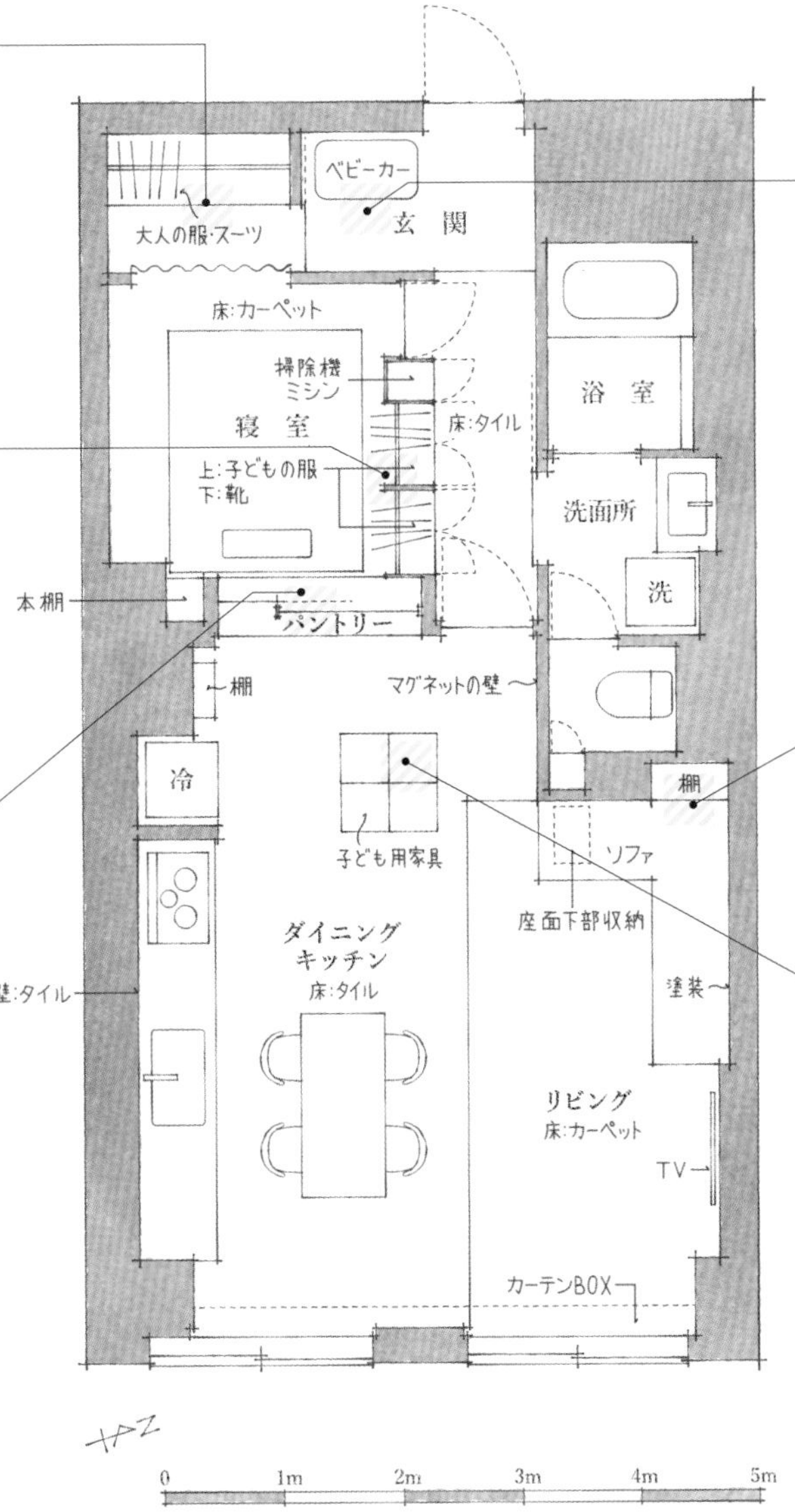

玄関土間を広くしてベビーカーを置くスペースに。靴収納は廊下沿いに設けてすっきりさせた。

ソファの背面に、書棚として使えるニッチをつくった。下部も、座面を上げると物入れになっている。

キリ材でつくったボックスを自由に組み替えておもちゃの収納に。子どもの机や椅子としても使えて遊びの幅が広がる。

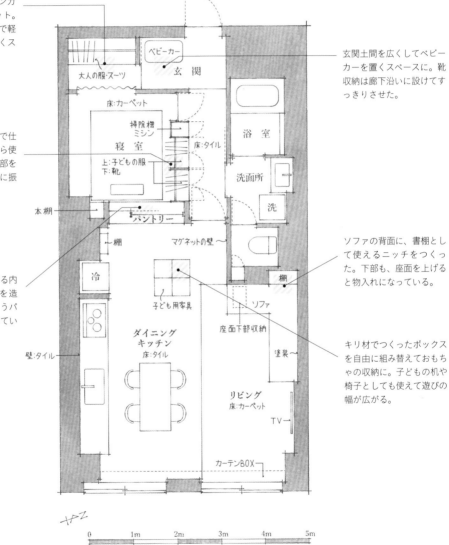

窓に向かって天井が低くなるリビング。一番低いところで2.1m。ソファの上の飾り棚にエアコンも組み入れ目立たないように。読書用のライトは壁付けに。

整う住まい 04

緻密な造作収納と好きな置き家具でインテリアを楽しむ

ハンコやキー、すべてのものに居場所をつくり、小さい家を快適に。造り付け収納を多くして、置き家具は好みのものでそろえる。時を経ることは、愛着を増していくこと。

（神奈川県 藤沼邸）

木部は濃い目の色に
長く愛せる普遍の魅力

3
4　2　1
5

1 片流れの天井でつながるダイニングとキッチン。テーブルはモーエンセン、ペンダントライトはヤコブセン。左奥は家族室としてつくったが、妻が裁縫室として使用。**2** クラシックな雰囲気のラグは、イランの地方部族のアンティーク。**3** 軒端とテラスの幕板で、風景を横長に切り取る。幕板は下にある隣家の屋根を隠し、照り返しを防いでくれる。**4** テレビ台の下にリモコンをしまえる引き出し収納を。みんなが使うものは置き場所が決まっていることが大切。**5** ウェグナーのソーイングテーブルをソファの横に置いて、アクセサリーなどの小物をしまう。

2
4
3　1

1 ダイニングのフロアから階段を見る。上がロフト、下が玄関。さらに下がると水まわりと個室のある1階。**2** 妻が寝室として使っている予備室。**3** 玄関の土間は白河石張り。玄関ポーチのデッキは敷地内の段差をまたぐ。**4** ロフトは日常から離れた異空間。書棚の漫画を手に取り、ベッドにごろり。

昭和の巨匠建築家・吉村順三が設計した住宅の、プレーンな素材感や落ち着きのある雰囲気に惹かれていた藤沼さん。吉村の孫弟子にあたるアンドウ・アトリエに自宅の設計を依頼したのは、もう12年ほど前のことだ。

斜面地の敷地からは、向かい側に山林を見晴らせる。敷地より高い北側道路から段差なしで建物に入れるよう、玄関のみ中2階に設定。半階分下ると1階、半階分上ると2階という少し変わった構成だ。

2階のＬＤＫは眺望が良く、片流れの一枚天井に覆われたワンルーム状の広がりが心地良い。1階は小間に区切られ、個室と水まわり、家族共有のウォークインクローゼットが密度高くまとめられている。

延床面積約97㎡と、家族3人で暮らすのに必要十分なコンパクトサイズ。物の露出をできるだけ控えたい妻は、建築家に多めの収納を希望した。「玄関にハンコやキーなどをしまう小さい引き出し、テレビ台にリモコンが入るスペースなど、細かく相談しました」。適切な造り付け収納を各部屋に備えたので、収納のための置き家具は少なくてすみ、その分部屋を広く使うことができる。引き出しや開き戸、引き戸を組み合わせた緻密な造作収納は、ものを探すストレスから開放してくれた。

リビング・ダイニングでは、造り付け家具と置き家具がバランスよく共存している。キッチンまわりは、細部までしっかりと造り込まれた収納棚とキッチンカウンターが頼もしい収納力を発揮。ダイニングにはシンプルなテーブルと椅子以外の家具を置く必要がない。リビングには吊りタイプの飾り棚を造り付けに。気に入って購入したソファとソーイングテーブル、アンティークのラグが、くつろげるコーナーをつくる。

ただ、「造り付けの家具が多いと、コストを押し上げる原因にもなる」と建築家の安藤和浩さん。大工が現場で加工する造作工事は家具職に発注するより割安だが、精度には差が出るという。そこをどう振り分けるかが設計者の思案のしどころだ。

一家がここに暮らし始めてから、今年で11年目になる。ダイニング横の小部屋は、当初、家族共有の書斎「家族室」としてつくられたが、娘が成長して個室の使用がメインになり、妻の裁縫室へと変遷。今では本格的に洋裁に打ち込んでいる。

重ねた時間だけ味わいは増しても、濁らない住まい。天井や面材のラワンが歳月を経て色を深め、昭和の名建築と同じ匂いを発し始めた。

1 緑豊かな玄関アプローチ。**2** 対面キッチンは、壁を立ち上げて中を見せないつくりに。**3** キッチンの立ち上がり壁は、内側が浅い収納スペースになっており調味料などの小物を置くのにぴったり。**4**「吊り棚の上の方は手が届きにくいので、適切な奥行きを設定する必要があります」と安藤さん。この棚は奥行き浅めで、気に入りの茶器も取り出しやすい。**5** キッチン下、ダイニング側には薬や書類、文房具、裁縫の本など。**6** 奥まで壁面収納が続くキッチン。白い壁の向こうに冷蔵庫が隠れている。突き当りのガラス戸の向こうはサービスバルコニーで、ゴミ箱を置く棚がある。

5 4 3
6 2 1

コート、傘、郵便物……指定席があると安心

5 2 1
6
7 4 3

1 2階のトイレに付属する手洗いコーナー。**2** 1階の洗面・トイレ・浴室。タオルウォーマーを兼ねたヒーターを設置した。**3** 浴室内の壁を凹ませ、シャンプーなどを置く棚に。**4** 洗面台の背面にある洗濯機置場は、扉をつけて隠した。右の棚にはパジャマやタオル、ハンガーをしまっている。**5** 外壁に組み込まれた郵便受けに入った郵便物は、ここから受け取る。左の小引き出しはハンコやキーなどの小物をしまうためのもの。**6** 玄関の収納は、靴、上着、帽子、傘、小物など、どこに何をしまうかをきっちり決めて設計されている。**7** 夫の在宅勤務が増えたのを機に、主寝室から妻のベッドを予備室に移動してデスクを置き、仕事スペースをつくった。横長の窓には鍵のかかるガラリ戸があり、夜も風を通しながら寝ることができる。

1

3 2

1 妻は「どこかに床の高低差を設けたい」と希望。食堂と裁縫室の間にドアはなく、床をスキップダウンさせてポケットのような部屋に。**2** 裁縫室はキッチンに近いので、家事をしながらでも作業ができる。吊り棚には収納用品に糸やボタンなどの材料を整理。**3** 小さな窓にも折り戸式の障子をつけて日除けや目隠し、断熱に。

CASE 04　藤沼さんの間取りと収納

DATA				
	敷地面積	165.19㎡（49.97 坪）	家族構成	夫婦＋子 1 人
	延べ床面積	96.95㎡（ロフト含まず）	設計	アンドウ・アトリエ
		1 階：46.54㎡　2 階：50.41㎡	施工	山洋木材
	竣工	2009 年		

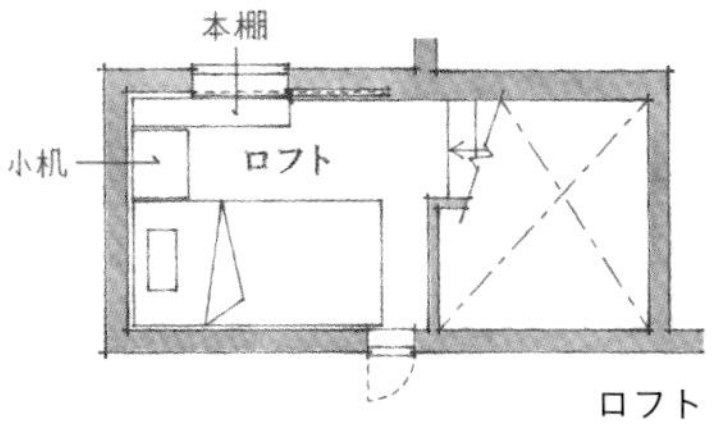

ロフト

キッチン奥の収納には、掃除用具などもしまっている。冷蔵庫や勝手口が表から見えないように配慮が行き届いた位置関係。

扉なしでダイニングにつながる小部屋は、床の高さを変えて区切り感をつけ、壁一面にオープン棚とデスクを造作。手洗い、キッチンへと回れる裏動線が便利。

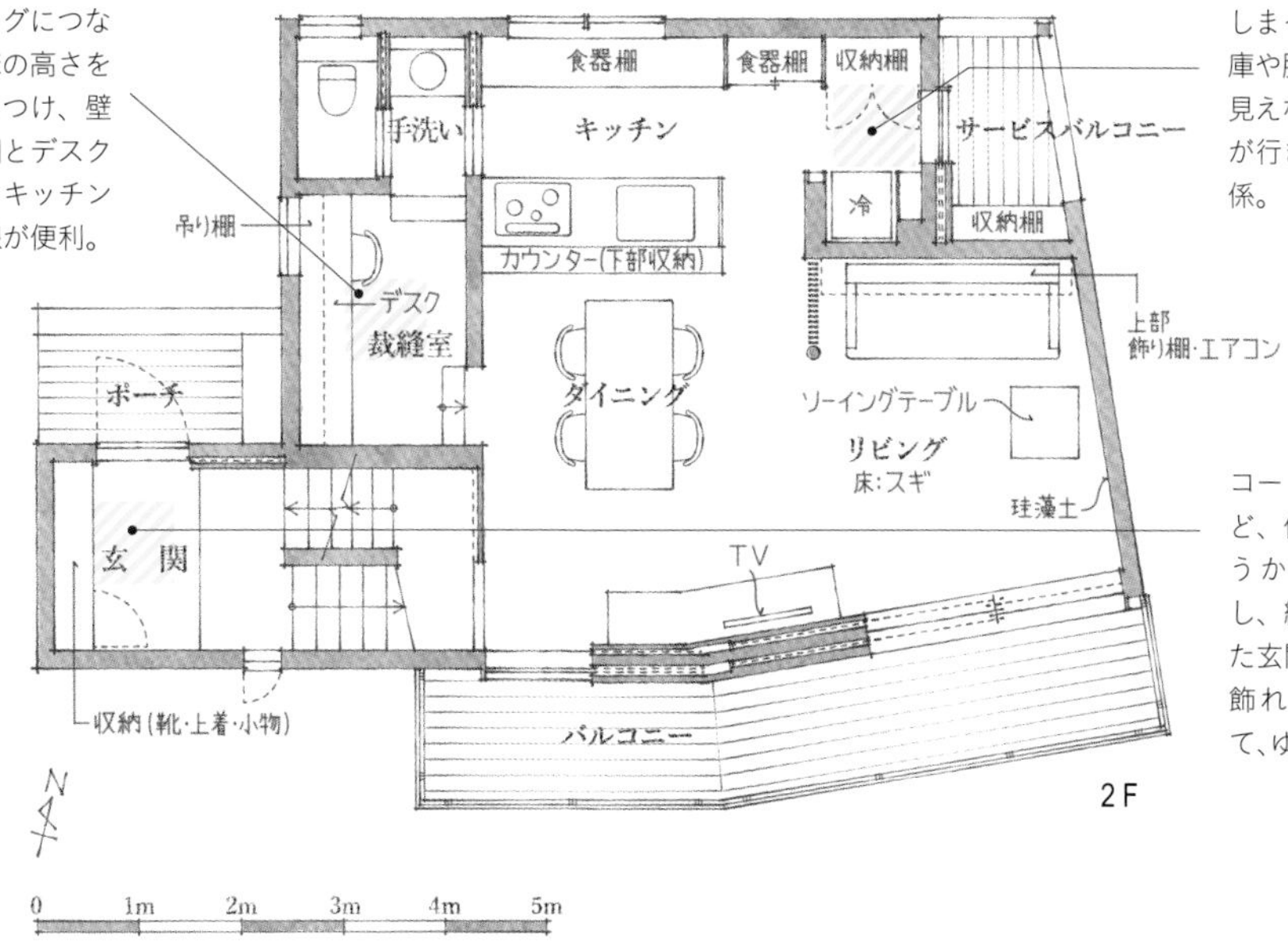

2F

コートや帽子、傘など、何をどこにしまうかを詳細に検討し、緻密に計画された玄関収納。一部を飾れるニッチにして、ゆとりも備えた。

トイレと洗面を一室化した広い洗面所では、洗濯機置場にも扉を付けて隠す。隣にはタオルやパジャマをしまう棚もつくった。

スキップフロアの構成を活用して、玄関下を外物置に。庭から直接アクセスできるので、ガーデニング用品などが収納できる。

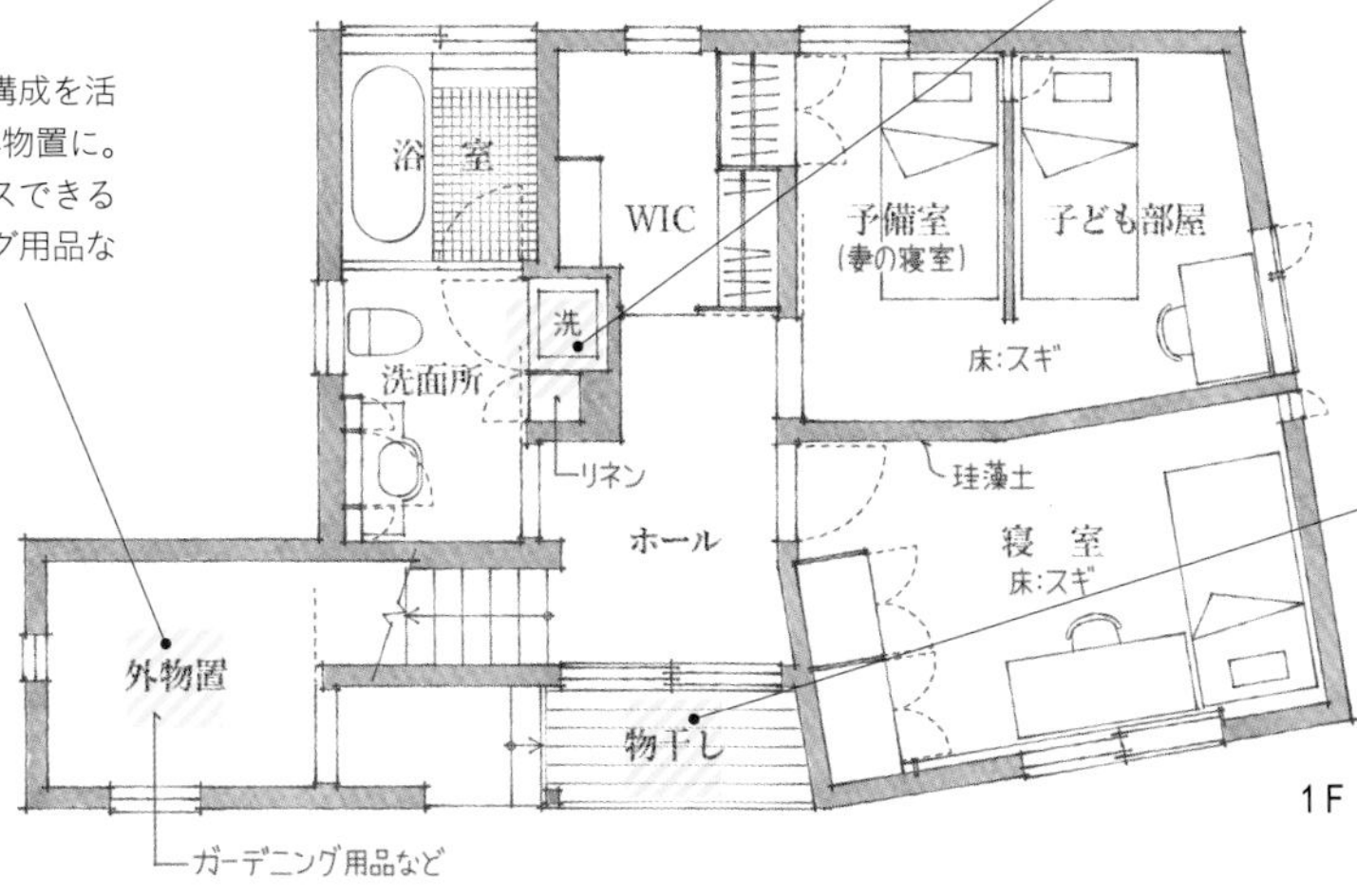

1F

洗濯物を干すバルコニーは、洗濯機やクローゼットと同じフロアにつくり、動線を短く。玄関やリビングから見えないので気楽に干せる。

整う住まい

美をつむぐ仕事と暮らしを三層に重ねて

染めと織りで作品をつくる妻の仕事場を兼ねた、3階建ての住まい。1階はギャラリーとして人を迎えられる半屋外的な場。2階はプライベート、3階は見晴らしを楽しむLDK。フロアごとに個性の違う場と収納。

（東京都　荒川邸）

1 玄関を兼ねる1階の織り場から、アーチの向こうにアトリエを見る。床には大判の大理石を裏面使いにして乱張りにすることで、屋外のようなラフな雰囲気に。**2** 織り場につくった飾り棚兼、糸の収納。糸を巻く道具である小枠がぴったり入るように、棚の高さを設定。好きな作家のアート作品を飾り、創作の糧に。

2　1

梁を表して天井高を稼ぎ、大理石に見合う力強い素材感を見せる。左のステップが住まいへの入り口。アームチェアはフィン・ユールのデザイン。

光や素材に触発されて
美しいものが生まれる

3　2
4　　　　1
5

1 右手には持ち合わせのデスクを置いて、下絵や織物の設計図を作成する場所に。**2** 織り場は由香さんの作品を展示するギャラリーにも。シルク、カシミヤ、麻、竹やパイナップルの糸など、さまざまな繊維を扱う。**3** 染め場（写真奥）と階段をつなぐ裏動線には、両脇に一面の収納棚を造り付けた。右側に靴と雑貨、左側に染織の材料をしまっている。**4** 染めた糸や道具類を竹のカゴや木製のボックスなど、天然素材の容器に入れれば、統一感が出て美しいディスプレイに。**5** 手前は染め場で、大鍋で煮炊きをして繊維を染めたり干したり。奥はアトリエで、本来由香さんが下絵などを描くための場所だが、現在は夫がテレワークに使用している。

2　1

1「大きな窓と吹き抜けがほしい」という夫妻の要望で、スチールの窓を製作。構造上の必要性から生まれた手前の壁が、厚みと奥行きを感じさせる。2見晴らしの良い3階のLDK。窓辺のソファコーナーは、由香さんがくつろぐときの定位置。

ガラスのドアを開けると、石張りの広い土間。中央に堂々と据えられた、織り機。壁の棚には、色とりどりの糸。ここは荒川家の玄関であり、染織作家・高見由香さんの「織り場」である。

1階から3階まで、3つのフロアにどんな機能を割り振るか。由香さんの作業スペースを1階に、というのは早い段階で決まった。作品を展示するギャラリーとしても使えるように。では、リビングはどこに？　一般的に2階に配置するケースが多いが、夫妻の考えは違った。「まわりはほとんどが2階建てで、見晴らしがいいのは3階です。だからリビングは3階にすべきだと」（由香さん）。建築家は玄関からリビングまでの上下移動が長くなることを危惧したが、夫妻はぶれなかった。

3階建てとはいえ、総面積は約100㎡で、作業スペースを除くと生活に使えるスペースにゆとりはない。しかしフロアごとに違った特徴があり、いろいろな雰囲気を味わえる。1階は建材の質感を立たせた欧風の空間で、開放的。2階は寝室と水まわりのプライベートなフロアで、小さな部屋が集まる静かな雰囲気。3階のLDKは再び天井が高くなり、大きな窓からワイドに視界が開ける。

元々ものを多く持たないのが夫妻の主義で、「飾る」「しまう」の使い分けにメリハリを利かせている。隅々まで整えるだけでなく、作家もののオブジェや絵画、食器などを眺める楽しみも。収納でユニークなのは、2階のクローゼットだ。両面が引き戸で、寝室と廊下、廊下と子ども部屋から出し入れができる。浴室で乾燥させた洗濯物は廊下側からしまい、朝服を着る際は寝室側から取り出せて合理的だ。

由香さんが力を入れたのが、3階でかなりの広さを占めるキッチン。「外を眺めながら料理をしたくて、窓をたくさんつけてもらいました」。吊り戸棚がないから、視線が抜けてリビングからも眺望を楽しめる。フルオーダーの造作キッチンには、たっぷり引き出し収納を設けた。「すべてのものに居場所をつくってあるので、パズルのようにピタリと収まりノンストレスです」。

夫も在宅勤務となり、1階のアトリエが仕事場に。日中は二人とも1階で過ごす。昼休みや休憩時間はリビングへ。2階分の階段を上るうちに、気分がオンからオフへと切り替わる。3階の窓から見えるのは、バルコニーのグリーンと広い空だけ。職住一体の暮らしに、これ以上の家はない。

「外を見晴らせる窓」が
キッチンの最優先事項

9	6	3	1
10	7	4	
11	8	5	2

1「大きい窓に向き合いながら料理をしたい」とは、由香さんが最初に希望したこと。3本脚の円卓は家具作家・studio fujino（スタジオフジノ）藤野均の作で、3人家族がちょうどよく囲める小さめのサイズ。モーエンス・コッホの折りたたみ椅子を合わせて。**2** 切妻形の天井には一本物のベイツガ板を張った。ガラスのペンダントシェードはガラス作家・大室桃生。**3** 作家物の器に調味料を入れて日常的に使う。**4** 作業台の正面側は見せるためのガラス張りの食器棚、目立たない脇に料理の本を入れるスペースを。**5** 板の下端にテーパーを付けて薄く見せた洗面所の棚。容器の色味をコントロールすれば、むき出しでもきれいに見える。**6** 作業台に設けた食器用の引き出し。「ここにこれを入れたい」と細かく伝え、寸法を入れるものに合わせた。**7** 大きめの平皿は立てて収納。**8** リビングの収納には掃除機と書類を。充電用のコンセント、テレビのチューナーも収納内に。**9** 分別用のシステム化されたゴミ箱をカウンター下に組み込んだから、露出ゼロ。**10** ライムストーンのモザイク壁と真鍮製のアームランプ。**11** 掲示物や文房具はリビング側から見えにくい冷蔵庫の脇に集約。

2 1

4 3

1 1階からの大窓が吹き抜けを通して寝室までつながり、空気が通う。**2** 洗面・脱衣・浴室へ通じる廊下の両側に、クローゼットをつくった。(引き戸を開けて撮影) 脱衣所には下着やリネンを入れる収納を多めにつくった。**3** 好きなタイルやシャワーにこだわった浴室。脱衣所との間をガラス張りにして明るさと広さをもたせた。**4** 大理石のモザイクタイルをあしらった洗面所。床は脱衣所、浴室と同様のサーモタイル。

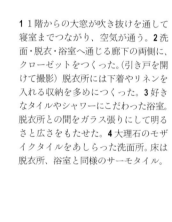

CASE 05　荒川さんの間取りと収納

DATA				
	敷地面積	69.47㎡（21.01 坪）	家族構成	夫婦＋子１人
	延べ床面積	102.46㎡	設計	佐藤・布施建築事務所
		1 階：36.34㎡　2 階：37.53㎡　3 階：28.59㎡	施工	マスノ
	竣工	2019 年		

LDK の収納内には、掃除機の充電用コンセントも付けて、しまいながら充電。階段の正面にあるので、全面を収納にせず飾るスペースも残した。

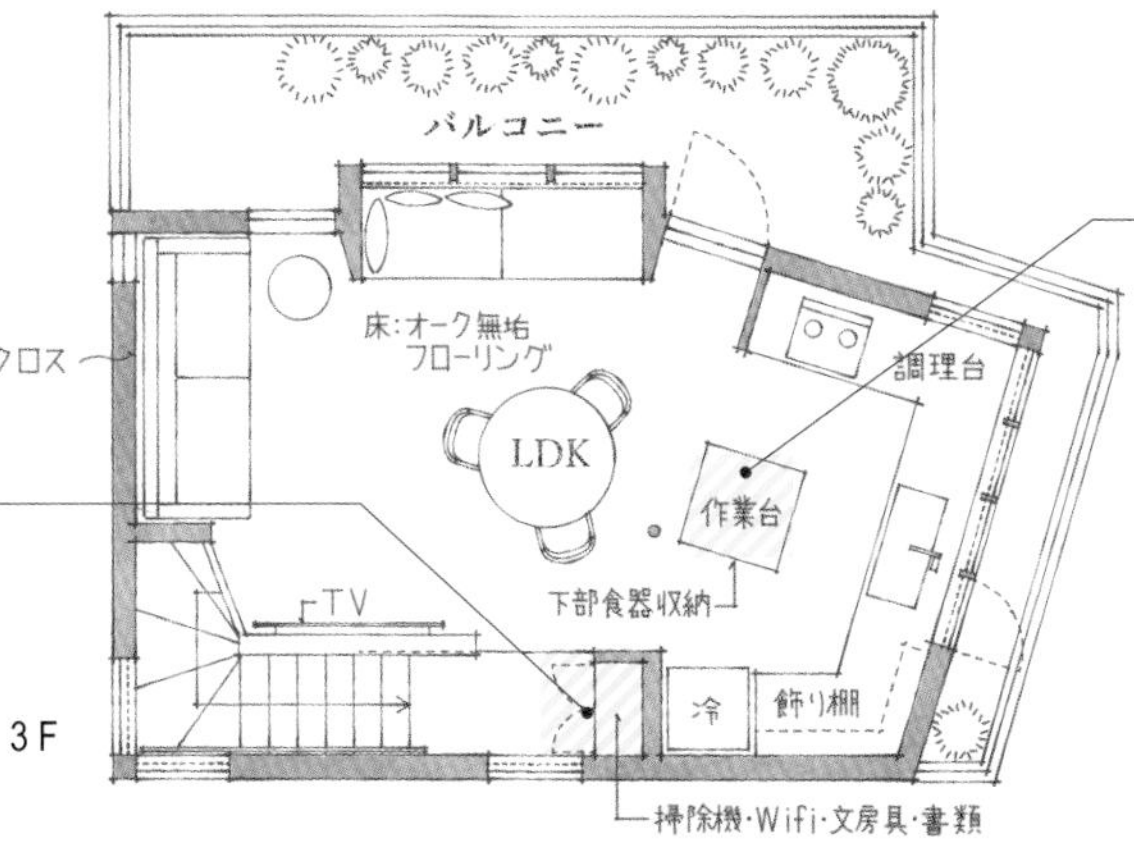

キッチンの収納は、調理台下と作業台下の引き出し＋飾り棚のみ。どこに何をしまうかはっきり決めて寸法を計画。吊り棚はなしで視線の広がりを優先。

クローゼットは両面を引き戸に。両側から使えて、脱衣所で畳んだ服をしまいやすい。湿気が籠もりがちな季節は、引き戸を全開にすれば風が通る。

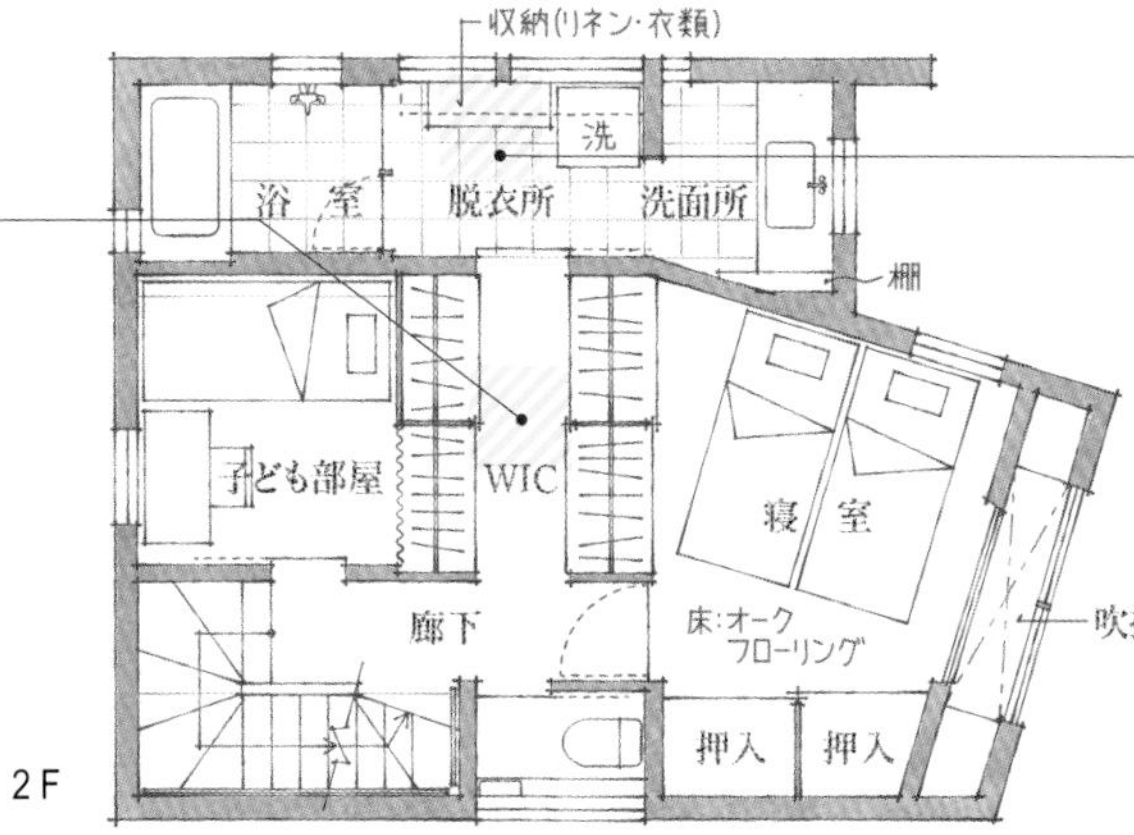

脱衣所に下着やタオルを入れる収納を多めにつくった。洗濯物は浴室乾燥機で乾かし脱衣所で畳むので、その場でしまえるのも便利。

染め場と内玄関をつなぐ廊下の壁面を利用して収納に。染織用の材料や道具類、靴や雑貨などをしまう。上着を掛けられるハンガーパイプもある。

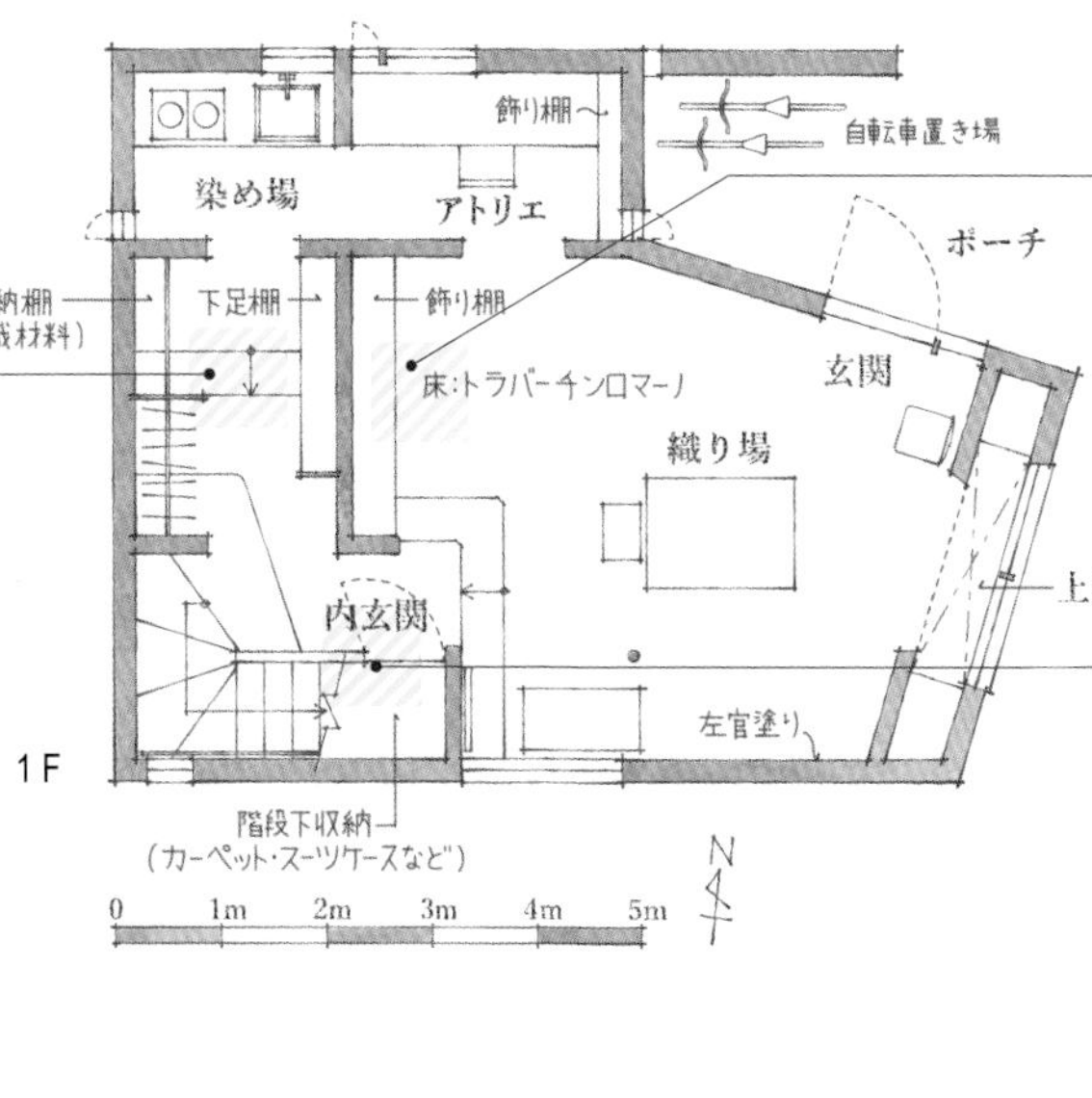

色の美しい糸を、ディスプレイしながら収納する飾り棚。棚の高さや奥行きは、糸を巻く道具を基準に設定したからきれいに収まる。

階段下のデッドスペースを利用して納戸に。掃除用具やスーツケース、屋外用の椅子などを収納。長物も入るので巻いたカーペットも入れている。

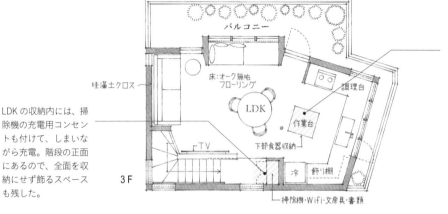

整う住まい 06

建具と家具の豊かな素材感でまとめるリノベーション

「憧れの家具を中心にした家づくり」を望んだHさんの選択は、中古戸建てのリノベーション。アルミサッシは木の建具で覆い、収納家具は造作で。統一感と暮らしやすさを備えた家に生まれ変わった。（愛知県 H邸）

右：木製の窓まわりと白い造り付け収納は、リノベーションで新設したもの。ニッチ下の引き出し収納はたまたまサイズがぴったりだったプラケース。**左：**大窓の上には木の垂れ壁をつくり、奥行きをつくった。「窓の上下に影の部分をつくることで、天井や床が明るく見えます」と服部さん。

人気の家具作家・宮嶋浩嘉の家具で暮らしたい。せっかくなら家具に合う雰囲気のいい家で。しかしローン返済でゆとりを失っては家をもつ意味がない。Hさん夫妻は、マンション、戸建て、新築、中古、あらゆるものを検討した結果、「中古戸建てのリノベーション」に着地した。入手したのは築24年だがつくりがしっかりしている軽量鉄骨造の家だ。

宮嶋さんを通して知った建築家・服部信康さんにリノベーションの設計を依頼。宮嶋さんが服部さんの設計に合わせて主要家具を制作するという連携プレーで進んだ。「服部さんが、家具の製作費も含めてコストコントロールしてくださったので助かりました。まわりが貧弱だときちんとした家具とのバランスが取れないので、建具にはしっかりコストをかけましょうとおっしゃって。1階は少し手を加えるだけにして、メリハリをつけました」（妻）。

コストをかけた建具とは、リビングがある2階でアルミサッシを隠している木製窓のこと。2階は間仕切り壁を取り払って間取りを大きく改変し、家具に見合う上質なインテリアをつくった。リビングには奥行き35cmの窓台をつくり、リネン張りの障子で窓と壁を覆う。窓台の奥行き分、部屋が狭くなっているはずだが十分に広さを感じられ、家具のボリュームに調和した安定感が備わった。

室内に垂れ壁は設けず、収納扉や出入り口の引き戸はすべて天井までの高さに。一枚天井の連なりが、フロアの一体感と広がりをもたらしている。

収納も造作でかなり丁寧につくり込んだ。キッチンとカップボードは、置き家具に釣り合うように服部さんがデザイン。引き出しや棚の寸法は妻が細かく指定した。扉に隠された収納は、内部まで整然としている。結婚後片付けに興味をもった妻が、ライフオーガナイザーの勉強をした成果だ。「家族みんながラクに心地よく暮らすにはどうしたらいいのか知りたくて。頑張らなくてもできる仕組みを考えて、常にアップデートしています」。洗濯カゴが脱衣所ではなく、子ども部屋のそばに据えてあるのも「できる仕組み」ひとつ。食洗機から食器棚に食器をしまうなど、子どもたちのお手伝いも習慣化し、ひとりで背負わないように段取りをする。「息子たちの習い事などで毎日慌ただしいのですが、家が整然としていれば気持ちのザワつきを抑えられます」と妻。部屋を整えることは、心の静けさを保つ最適なメソッドなのだ。

2つの窓の間にある壁も障子と窓台をつなげ、ひとつの大きな面に見せている。ダイニングセット、ソファ、テレビ台をHolly Wood Buddy Furniture（ホリーウッドバディファニチュア）宮嶋浩嘉がデザイン・製作。

家具デザインと
空間設計の
麗しい競演

2　1
3

1 ダイニングでは、窓を絡めて収納とベンチを造作。木の内窓の分だけ採光面は小さくなっているが、部屋全体として程よい明るさを感じられる。木の内窓は部屋の見た目を整えるだけでなく、シングルガラスのアルミサッシに不足している断熱性を補う意味もある。**2** アイランドキッチンも家具仕立てにして調和させる。漆喰塗りの天井がフロア全体に連続する。**3** 窓台に置かれたバスケットにはブランケットをしまう。リモコンにも定位置をつくって。

手仕事から生まれる家具に
オートクチュールの品格

4 3 2
1
6
5

1 造作のキッチンとカップボードは、オーダー家具工房tampere（タンペレ）と服部さんとのコラボ。リビングの家具と同じナラ材を用い、茶色のウッドワックスで北欧ビンテージ家具の趣に。吊り棚の奥行きは一番上が大皿の入る32cm。下の2段はその約半分の奥行きで、高さは20cm。グラスなどを飾ったり取り出したりしやすい。**2** 妻には結婚前に吹きガラスの作家として活動していた経歴が。引き出しの一段はそのときの作品が占めている。**3** 家族の思い出写真は吊り棚の中に。ふだんは引き戸で隠れているが、開けるたびに目に触れてほっこりした気持ちに。**4** 手前には休日など時間のあるときに使う作家ものの陶器。奥は平日用で、気楽に扱えるシンプルな量産品の磁器。引き出しで分けているので考える必要がない。**5** 食洗機の中で乾いた食器を、すぐそばの引き出し収納へ。一歩も動かずにしまえる位置関係を設定した。**6** 冷蔵庫も扉の中へ。開けっ放しにしたいときは、扉をぐっと奥へ押し込めばじゃまにならない。

家族の行動を先回りして考えるラクに片付く仕組み

5 4 1
3
7 6 2

1 子ども部屋の窓まわりにも木の枠と扉をつけて。カウンター下の棚にはプラケースの引き出しを並べ、衣類を上からポンポン入れられるようにセッティング。2 クローゼットを壁付けにせず、緩やかな間仕切りにして回れる動線をつくった。姿見を取り付けて服選びも迷いなく。3 子ども部屋の入り口に脱いだ服を入れるカゴを設置。動線上にあるので移動のついでに入れられる。4 脱衣室にも棚をたくさんつくったので、まだまだ余裕が。5 キッチン横の扉付き収納。リビング寄りには日用雑貨や掃除機を。プラケースや紙箱のサイズはさまざまだが、色を統一してあるのでゴチャついた印象にならない。6 玄関の収納は既存のまま。ハンガーパイプに傘を引っ掛けて整理。非常持ち出し用のバッグもここに。7 洗面台の下はオープンにして通気性を保ち、一段板を渡してゴミ箱やバスシューズを置いている。

Plenty Box

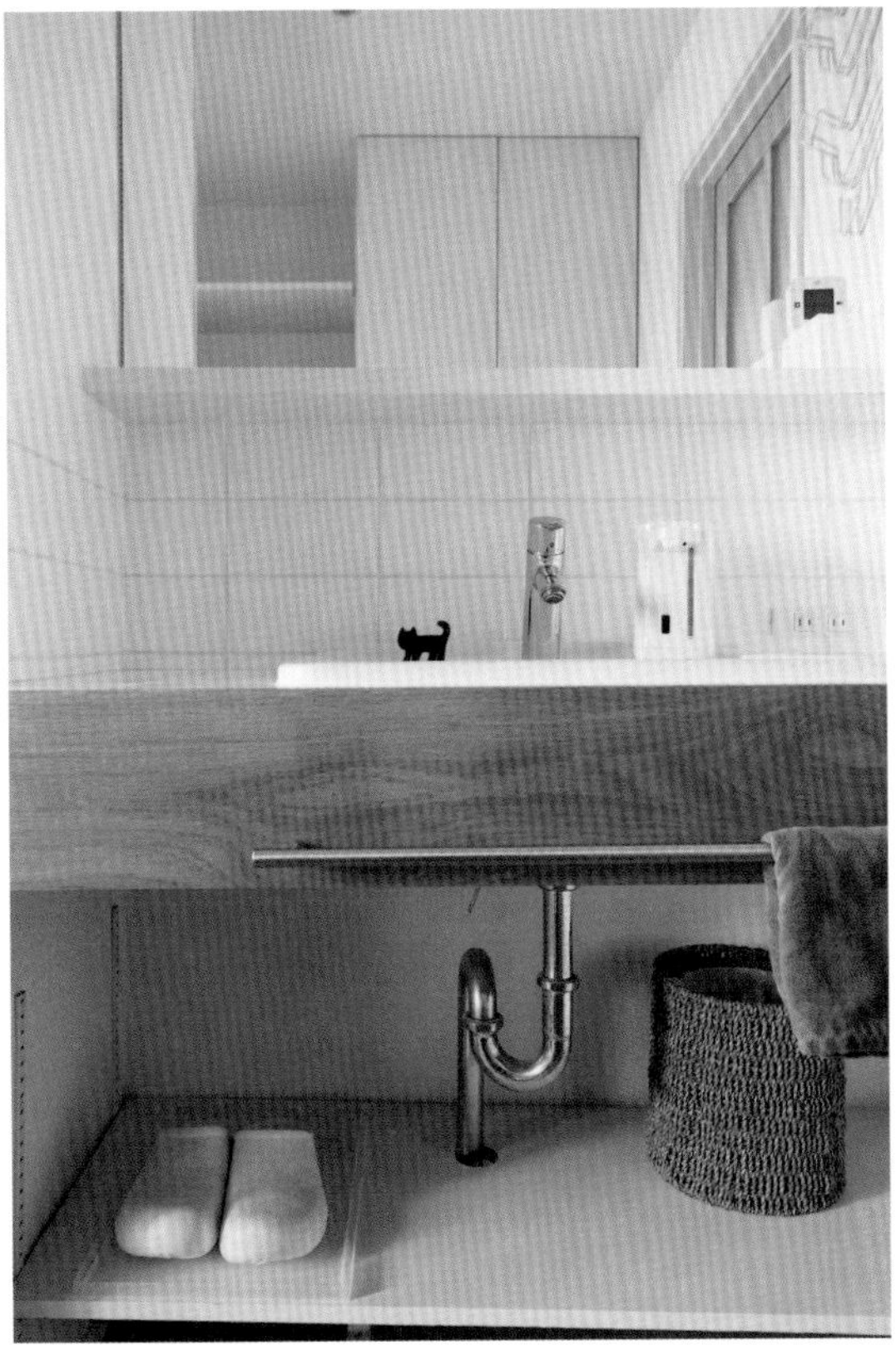

1
4 3 2

1 1階の二間続きの和室は、壁・天井を白くペイントして明るくシンプルな印象に。ひと部屋は寝室、ひと部屋は夫がリモートワーク用の書斎として使っている。**2** 以前は店舗として使われていたらしい土間は、バスケットに熱中している息子たちの練習場に。**3** 玄関まわりは、既存の鉄骨枠の外側に新たな木製の枠とドアをつけ、袖壁の内側を板張りにしてウッディな印象に変えた。**4** 造り付けの靴収納とは別に、息子たちが靴をサッとしまえる低い棚も置いている。

CASE 06　Hさんの間取りと収納

DATA				
	築28年の一戸建てリノベーション		リノベーション竣工	2013年
	敷地面積	100.04㎡（30.26坪）	家族構成	夫婦＋子2人
	延べ床面積	122.82㎡	設計	服部信康建築設計事務所
		1階：61.43㎡　2階：61.39㎡		

キッチン背面のカップボードは、ダイニングとリビングの主要家具と雰囲気を合わせ、ビンテージの置き家具のようなデザインに。

壁面の造作棚は、ダイニングの窓と絡ませながらデザインしたのがポイント。扉で隠すだけではなく、小物を飾れる余白を残して。

2階の個室は当初夫婦の寝室として計画したが、現在は子ども部屋として使用。間仕切りを兼ねるクローゼットをつくり収納量をアップ。

壁面を利用した大容量の収納は、天井までの白い扉で目立たないデザインに。内容は食品庫、冷蔵庫、掃除用具や日用品と幅広い。

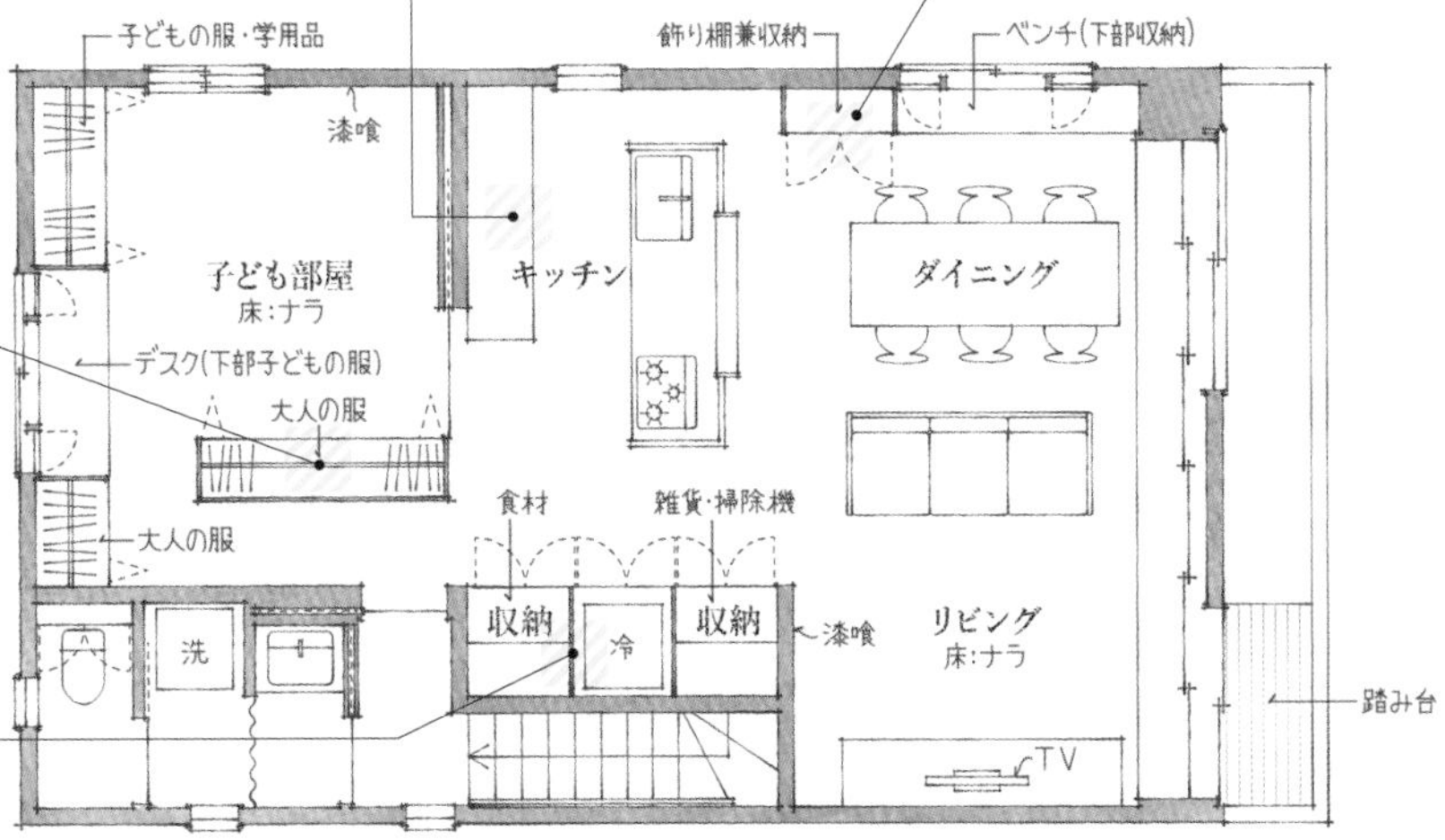

2F

洗面所にはオープン棚をつくり、カゴやプラケースで下着類や小物を分類。現在2階にある洗濯機を、将来ここに置くことも可能。

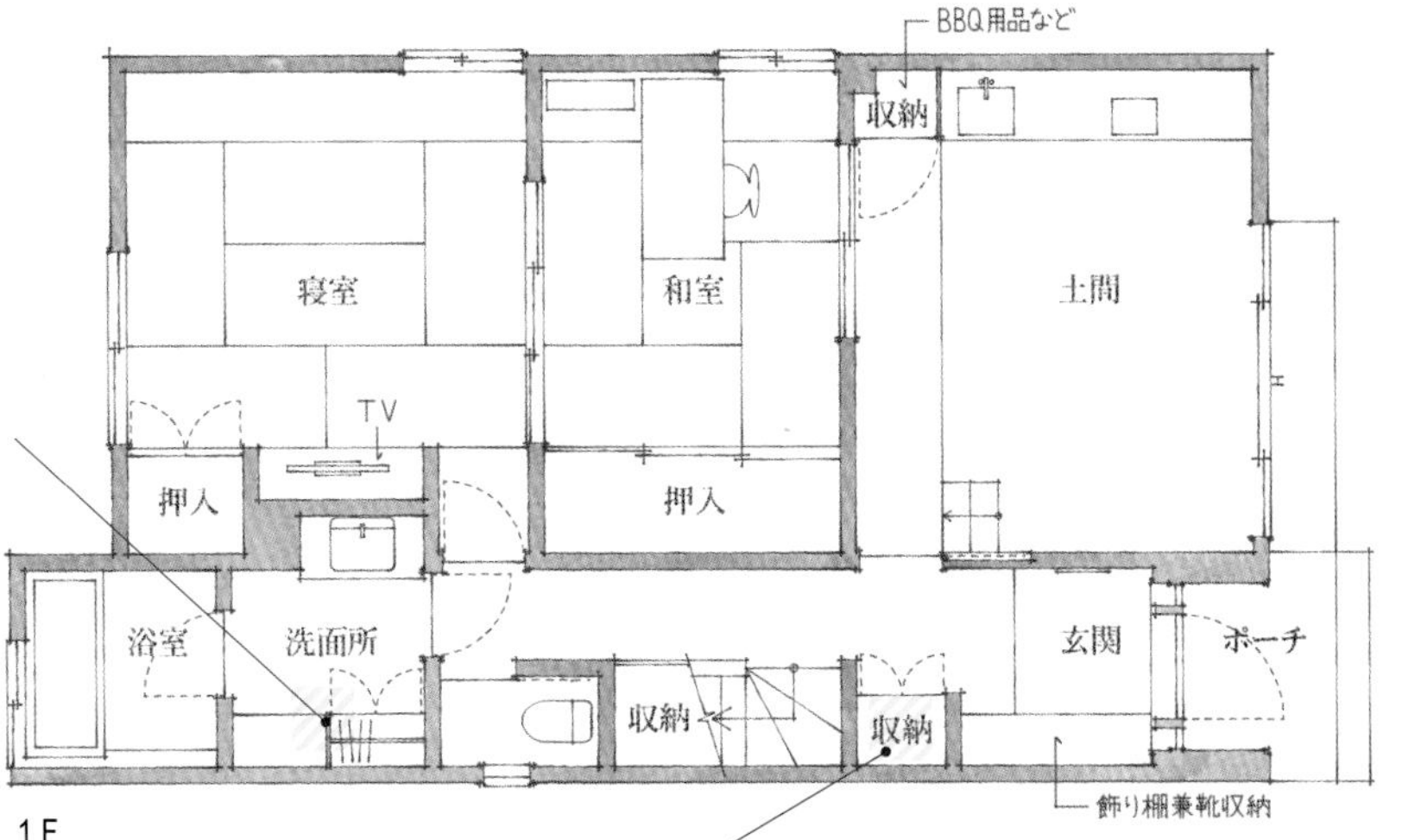

1F

既存の収納をそのまま利用。非常持ち出しバッグはサッと持ち出せるように玄関のそばを定位置に。傘はハンガーパイプに掛けて。

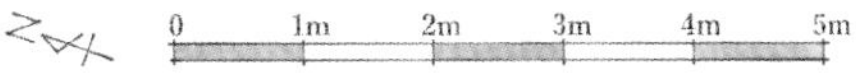

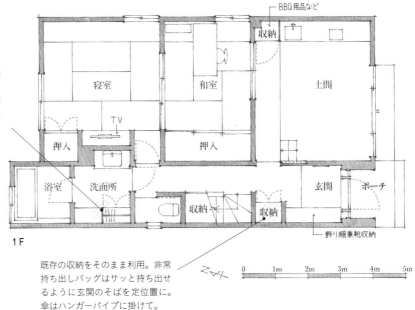

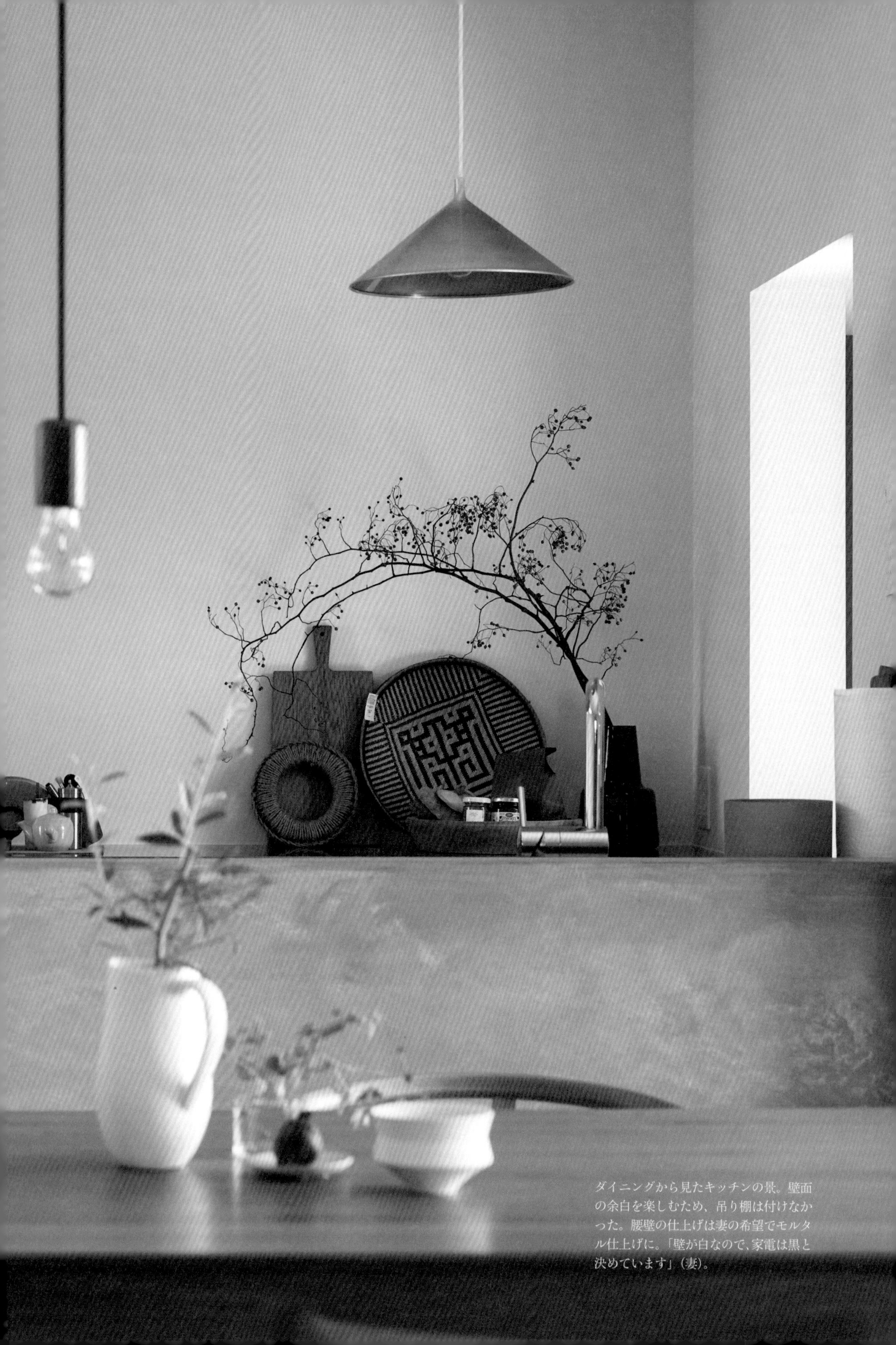

ダイニングから見たキッチンの景。壁面の余白を楽しむため、吊り棚は付けなかった。腰壁の仕上げは妻の希望でモルタル仕上げに。「壁が白なので、家電は黒と決めています」（妻）。

整う住まい07

つくり込み過ぎず 余白を生かして 好きなもので彩る

庭を囲む平屋の住人は、夫婦とうさぎ。収納と裏動線をしっかりつくって、室内はストイックな白い空間に。インテリアに魅入られた妻は、厳選されたものだけに囲まれる暮らしを求め続ける。

（愛知県 林邸）

リビングとダイニングは大きな窓で庭に開放。どこにいても視線が庭に向かう。Ethnicraft（エスニクラフト）のエクステンションテーブルをめいっぱい広げてゆったり使用。

2　1

1 ダイニングからリビングの眺め。テレビの左奥に玄関、書斎、フリースペース。右は納戸の入り口。出窓状の三角地帯はペットのうさぎ・うーちゃんのケージ置き場。**2** 設計当初は左手壁面に腰高の棚が想定されていたが、つくるのをやめて広い壁面そのままのストイックな空間に。ダイニング上のペンダント照明はNEW LIGHT POTTERY（ニューライトポタリー）。

引き算の空間に
何を飾ろう？
ひらめきを
待つ時間が好き

収納がしっかりあるから
余白をつくれる

1

3 2

1 木目を横使いにしたナラ材の造作キッチン。取っ手は真鍮で統一。冷蔵庫は奥のパントリーに隠して。**2** 洗剤ホルダーはシンクの脇に。スポンジやブラシもカラーをモノトーンで統一すると目障りではなくなる。**3** 魚焼きグリルのないコンロを採用し、下を浅い引き出しに。刃物類と小さめの調理器具を収納。プラケースで分類して取り出しやすく。

5　4

7　6

4 キッチンの背面カウンター上にもドライの植物をディスプレイ。棚の面材は床と同じナラ材。**5** 頻繁に使うお茶やコーヒーの道具はしまい込まず、ひとまとめにしてカウンター上に常備。すべてデザインの気に入ったものを選んでいるから、眺めるのも楽しみ。すぐ下の引き出しにはお茶・コーヒーのストックを。**6** パントリーのオープン棚の中も、食材などをむき出しにはせずケースに収めて。下はゴミ箱のスペースに。**7** 開き戸内には食器を。自然にモノトーンのシンプルなものが集まった。

30代前半の林さん夫妻は、うさぎの「うーちゃん」とゆったりした平屋に暮らしている。妻は家をきれいに整えることや飾ることが大好きだ。「自分の好みをわかってくれる人と、ゆっくり家づくりをしたい」という思いで建築家を探した。松原知己さんに任せることにしたのは、見学させてもらった自邸のデザインセンスに「心を射止められた（妻）」からだ。

玄関に入ると、床に置かれた絵の額とドライフラワーに出迎えられる。リビングへ進めば、テレビ台やテーブル、カップボードの上のディスプレイが、シンプルで品のある空間に控えめな彩りを添えている。「飾る場所がたくさんあるとやり過ぎてしまいそうで、設計中に棚をいくつか減らしてもらいました」と妻。引き算でつくられた空間は、妻にとって大きなカンバスだ。

松原さんへのリクエストは、自分で自由にアレンジできる「余白」を残すこと。また、周囲を気にせず暮らせるよう、庭を囲む間取りにすること。そこで五角形の庭を中心に各部屋を配置する間取りに。リビング・ダイニングを１３５度に折り曲げたことで、室内の景色に四角い家にはない柔らかさが備わっている。庭は塀でプライバシーを守られているから、カーテンを使わずに

開放的な暮らしができる。

玄関の右側には、夫の書斎と子ども部屋を想定したフリースペース。左側にはＬＤＫ、その奥に水まわりと寝室が続く。端から端まで距離の長い住まいだが、例えば寝室の窓から書斎の窓明かりが見えるなど、離れた部屋の様子も庭を介して感じ取れる。

「収納は、それぞれの場所で必要なものを手に取りやすいようにつくってもらいました」と妻。余白の多い室内を保つためには、裏方をしっかりつくる必要がある。それは、冷蔵庫も隠せるパントリーであり、クローゼットに直結する家事室だ。リビングにはうーちゃんのケージを置くうさぎコーナーをつくり、床下を餌の干し草やグッズの収納場所にした。リビングの納戸には郵便の受け取り口や分電盤、ルーターなどが集約され、テレビの配線も壁の裏に隠されている。

「家ができたらゴールだと思っていましたが、2年経ってこまごました部分を変えてみたい欲が出てきました。松原さんに上質なベースをつくっていただけたので、何をやっても決まります」。ウェブサイトや本でインテリアの情報を眺めていると、ディスプレイのアイデアがひらめく。妻が家のことに夢中になる時間は、これからも続く。

1 ネザーランドドワーフのうーちゃんは、結婚1年が過ぎた頃に家族の仲間入り。**2** どこにいても庭の緑が目に入る。**3**「ウッドデッキではなく縁側風に、と松原さんに提案されたのがとても良かった。ここに座りながら庭に水やりしています」(夫)。**4** 玄関扉はレッドシダーの引き戸。開けると目の前に庭の緑と床置きのディスプレイが。**5** 不整形の天然石を敷き詰めたアプローチ。夏も涼しく、ベンチに腰掛けて過ごすことも多い。**6** 玄関横のシューズクロークは大容量で、ゴルフバッグやガーデニング用品もここに。むき出しで置かず、袋に入れると見た目が整う。

4 3
6 5 2 1

2 1
3
6 5 4

1 家事室から、左手にクローゼット、右手奥に寝室。クローゼットから寝室に抜けることも可能。**2** 手前が洗面所、奥が室内干しやアイロンがけもできる家事室。洗面所の壁の絵は妻の作。**3** 2部屋に仕切れるようなつくりになっているフリースペースは、まだ手つかずの状態。**4** 南側に窓のある広いトイレも気持ちのいい空間のひとつ。**5** トイレットペーパーも、発想次第でディスプレイの材料に。**6** 籠もり感のある夫の書斎。

CASE 07　林さんの間取りと収納

DATA

敷地面積	200.39㎡（60.62坪）	設計	松原建築計画
延べ床面積	94.33㎡	施工	藤里建築工房
竣工	2018年		
家族構成	夫婦＋うさぎ		

うさぎのケージを置くため、出窓風の専用スペースをつくった。下部を収納にして、餌の干し草やペット用品をまとめてしまう。

ゴミ箱や冷蔵庫、食材ストックなどは、食堂から見えにくいパントリーに隠して。入り口に扉は付けず使いやすさを優先。

３畳と広いスペースをとった家事室は、脱衣所や洗濯物の室内干しの場も兼ねる。クローゼットに直通していて服の収納に手間取らない。

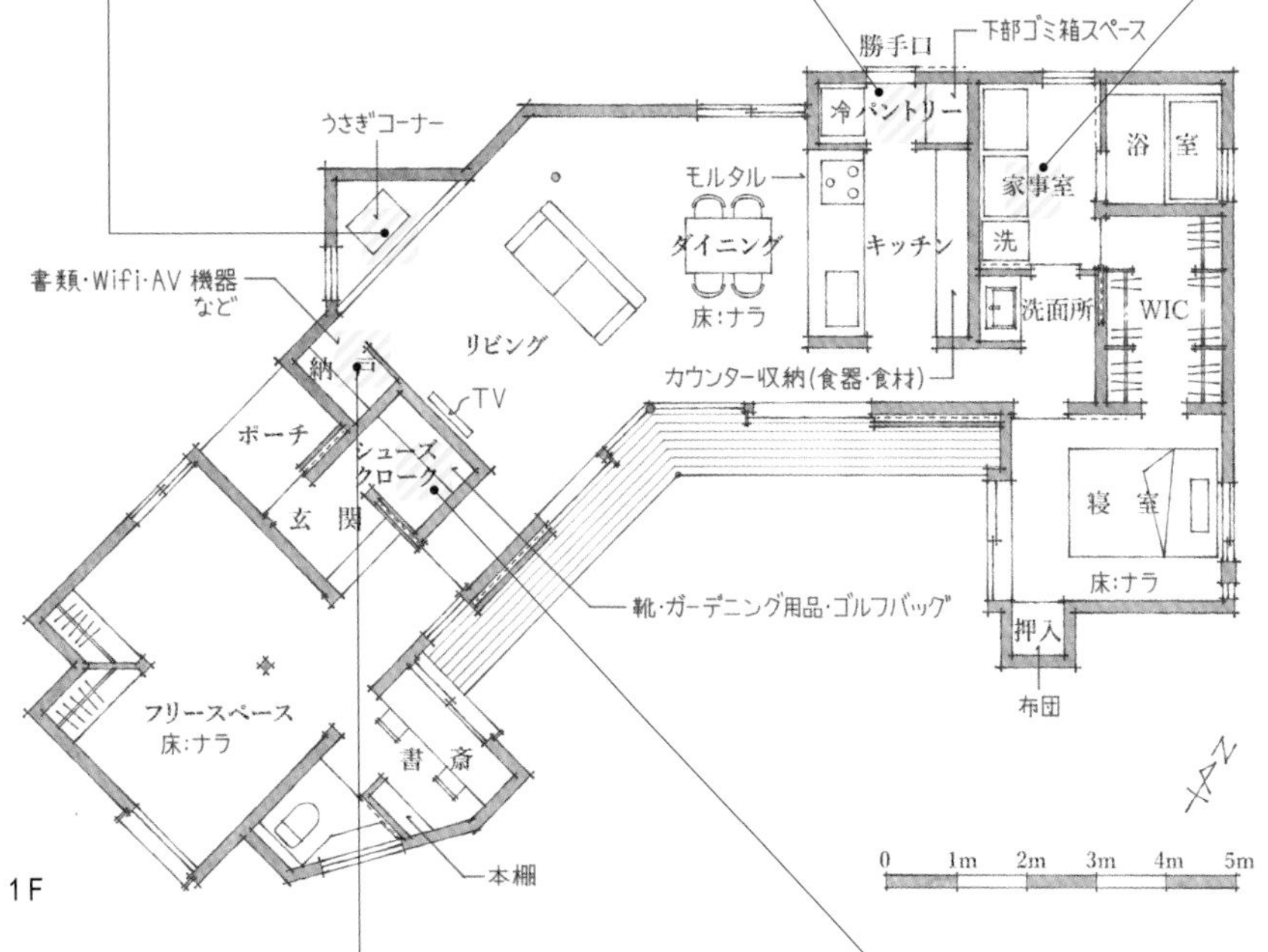

リビングで生活用品をしまえる唯一の場所。インターネットのルーターやテレビのハードディスク、配線、郵便受けもここに隠している。

靴はもちろん、ゴルフバッグやガーデニング用品までしまえるシューズクローク。雑然としがちなガーデニング用品は袋にまとめて。

整う住まい 08

境界とメリハリで 職住一体でも くつろげる住まい

クリエイティブな職を持つ夫妻の、仕事場付き住居。仕事中は緊張感と集中が必要だから、居住エリアはやさしい素材でくつろげる空間に。限られた面積をやりくりしてやすらげる居場所をつくった。（大阪府 H邸）

リビング（手前）とダイニング・キッチン（奥）のつなぎ目は幅90cm弱だが、奥行き60cmの出窓を回すことでゆったりした連続感が出た。

2　1

1 リビング（左）とダイニング（右）は天井の高さに変化をつけた。ベンチタイプの出窓がふたつの場所をつなぐ。**2** 手前からダイニング、キッチン、客間。右手の板張りの壁に見える部分は、内部がパントリーに。お酒や食材、日用雑貨までしまえる。「生活する場所にたっぷり収納があるといいですね」（妻）。ダイニングテーブルとチェアの素材はレッドオーク。壁・天井はベージュの珪藻土。

気持ちのグラデーションに過ごす場所を添わせて

2
3　1
4

1 籠もり感のあるリビングのソファコーナー。座面をはね上げるとゲームソフトやDVDをしまう収納に。上のロフトは「スバコ」と呼んでいる夫の趣味スペースで、ギターを弾いたりレゴブロックに没頭したりしてひとりの時間を楽しむ。**2** 出窓は腰掛けたり寝転がったりするほか、雑貨や観葉植物を飾るミニギャラリーに。**3** 素通しの棚には、廊下側からの見栄えも意識して飾るものを選ぶ。陶器のミルクポットを転用したスタンド照明は、照明作家がこの棚に合わせて製作したもの。**4** 造り付けのシンプルなテレビ台下に、カゴを使って自由に収納。

1
5 4 3 2

1 コンパクトなキッチンは、くるりと振り向くだけですべてに手が届く。スペースが限られているので、冷蔵庫は引き戸付きのスペースに隠して見た目を整理。**2** キッチンと対面する板張りの部分は、手前がパントリー、背面が出窓の障子をしまう戸袋を兼ねている。**3** カーテンやスクリーンに用いる麻布を障子として張った。少し透ける素材で、庭の緑が薄く見えたり陰影を楽しんだりできる。**4** 客間に泊り客があるときは、キッチンとの間をカーテンで軽やかに仕切る。**5** しっかり顔を合わせられるダイニングでは仕事の話をすることも。

妻はフリーのライター、夫は広告プランナー、二人は仕事上のパートナーでもある。郊外に構えた自宅には、仕事室を備えた。

どちらも神経を使う仕事なので、オン・オフのメリハリが重要だ。「仕事室と居住部分の間に玄関を挟んだ間取りは、気持ちの切り替えを促すためのもの」と建築家の永松淳さん。リラックスを重視した居住部分は、珪藻土や板張りなど温もりのある素材に囲まれている。

平日は夫婦二人の暮らしだが、週末は近所に住む妹家族とにぎやかに交流するので、大人数が集えるキャパシティーも必要だ。限られた建築面積でそのバランスをどうとるか。2階のLDKはひと連なりの空間だが、リビングとダイニング・キッチンの間に「くびれ」をつけた。ふたつの場所をつなぐのは、中庭に面した出窓。奥行きが深いので寝転んだり腰掛けたりするのにほどよく、居場所を増やす上で多大に貢献している。

ダイニング・キッチンは天井高を抑え、リビングは吹き抜けに。「性質の違ういろんな居場所があるので、気持ちのグラデーションに添わせることができます。緊張感が必要なときは仕事室、リラックスしたいときはリビング。妻とちょっと真面目な話をするのはダイニング、というように」(夫)。

ソファは低い天井と袖壁で囲み、安心できる巣籠もり感を備えた。夫が仕事で張り詰めた神経を解きほぐすのはここだ。背面にある飾り棚には、背板でふさがれた部分と素通しの部分が。素通し部分は廊下への視線の抜けをつくり、廊下に設置された空調の気流を導く。

仕事をしながら家事も担う妻は、「隠せる収納」を必要とした。来客を迎えるときに何でも放り込める1階の納戸。カーテンで柔らかく目隠しする寝室のクローゼット。コンパクトなキッチンに必須のパントリーを壁に擬態させのは、収納を視覚的なノイズにしないためのコントロールだ。

リラックスを誘うための明かりにもこだわりが。ダウンライトは最小限で、間接照明もなし。電球むき出しのシンプルな壁のブラケット照明とスタンド照明で構成する欧米スタイルは、空間の重心を下げ陰影をもたらす。ダイニングのペンダント照明は、光の範囲をテーブル面だけに絞った。「ここで向き合うと、キャンプの焚き火を囲むような感覚で、仕事の会話もなだらかになるんです」と妻。穏やかな光が、知らず知らずのうちに心までも整えてくれる。

2 1
4 3

1 仕事室は、レンガを敷いた玄関土間の向こう側に配置して、生活空間から切り離す。**2** 壁一面につけた寝室のクローゼットは扉ではなくカーテンで覆う。「目に柔らかく圧迫感がありません」（妻）。**3** 洗面所の棚は、壁の厚みを利用して奥行きを確保。**4** 洗濯機は階段下。限られた面積を余さず使い切る工夫が随所に。

CASE 08　Hさんの間取りと収納

DATA				
	敷地面積	110.71㎡（33.49 坪）	竣工	2018 年
	延べ床面積	109.17㎡	家族構成	夫婦
		1 階：48.48㎡　2 階：52.90㎡	設計	永松淳建築事務所
		ロフト：7.79㎡	施工	家工房

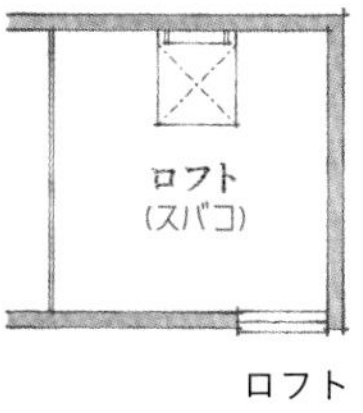

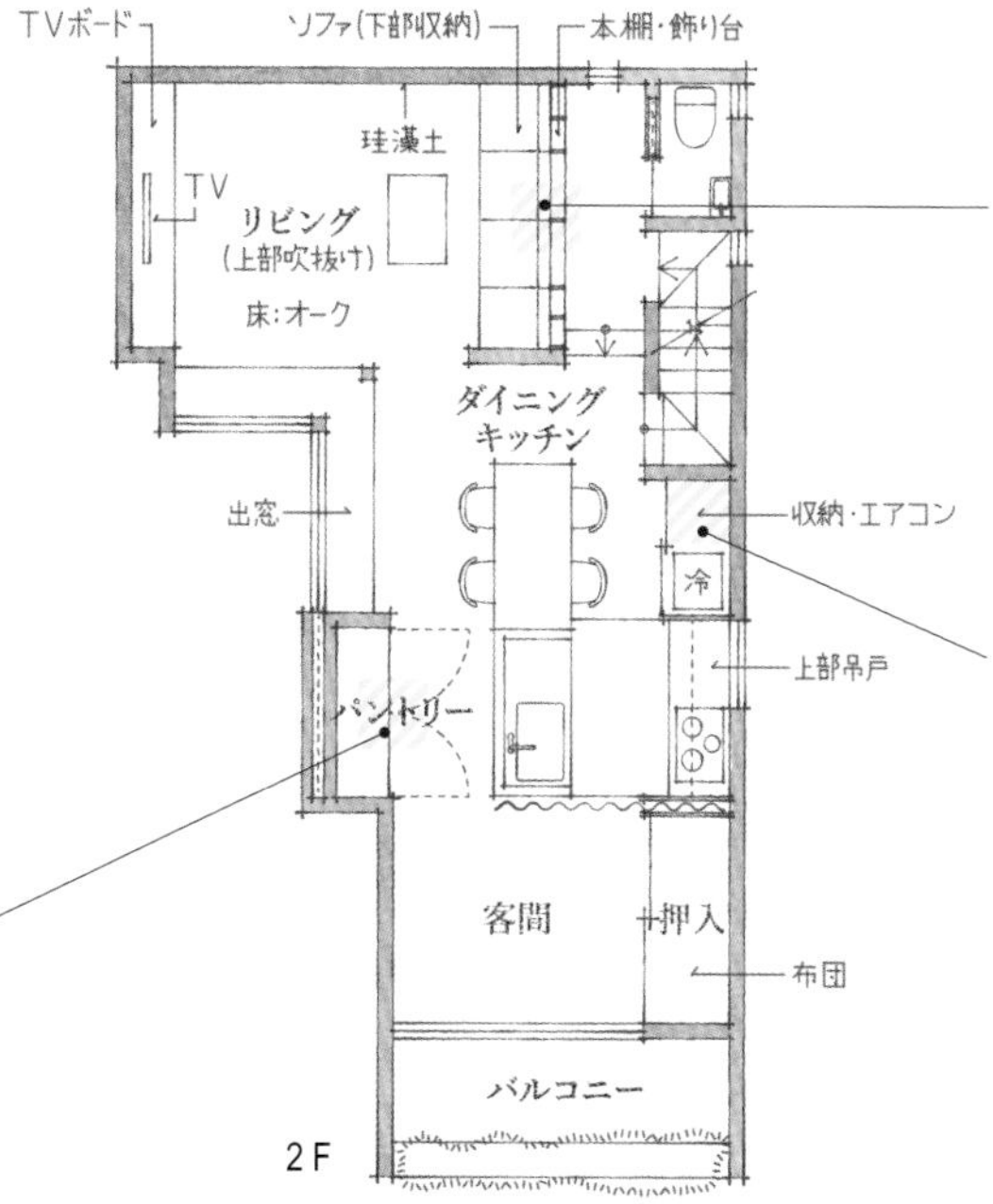

ソファ背面の飾り棚は、廊下側からも飾ったものが見えるよう、背板のない部分をつくった。視線を透過させることで広がりも出る。

キッチンの収納に冷蔵庫も収めて、見た目をすっきり。上部にはエアコンも組み込み、ガラリで隠して異物感を消去。

キッチンのそばに、出窓と奥行きをそろえたパントリーを。種々の生活用具や日用品も入れている。背面は障子の戸袋。

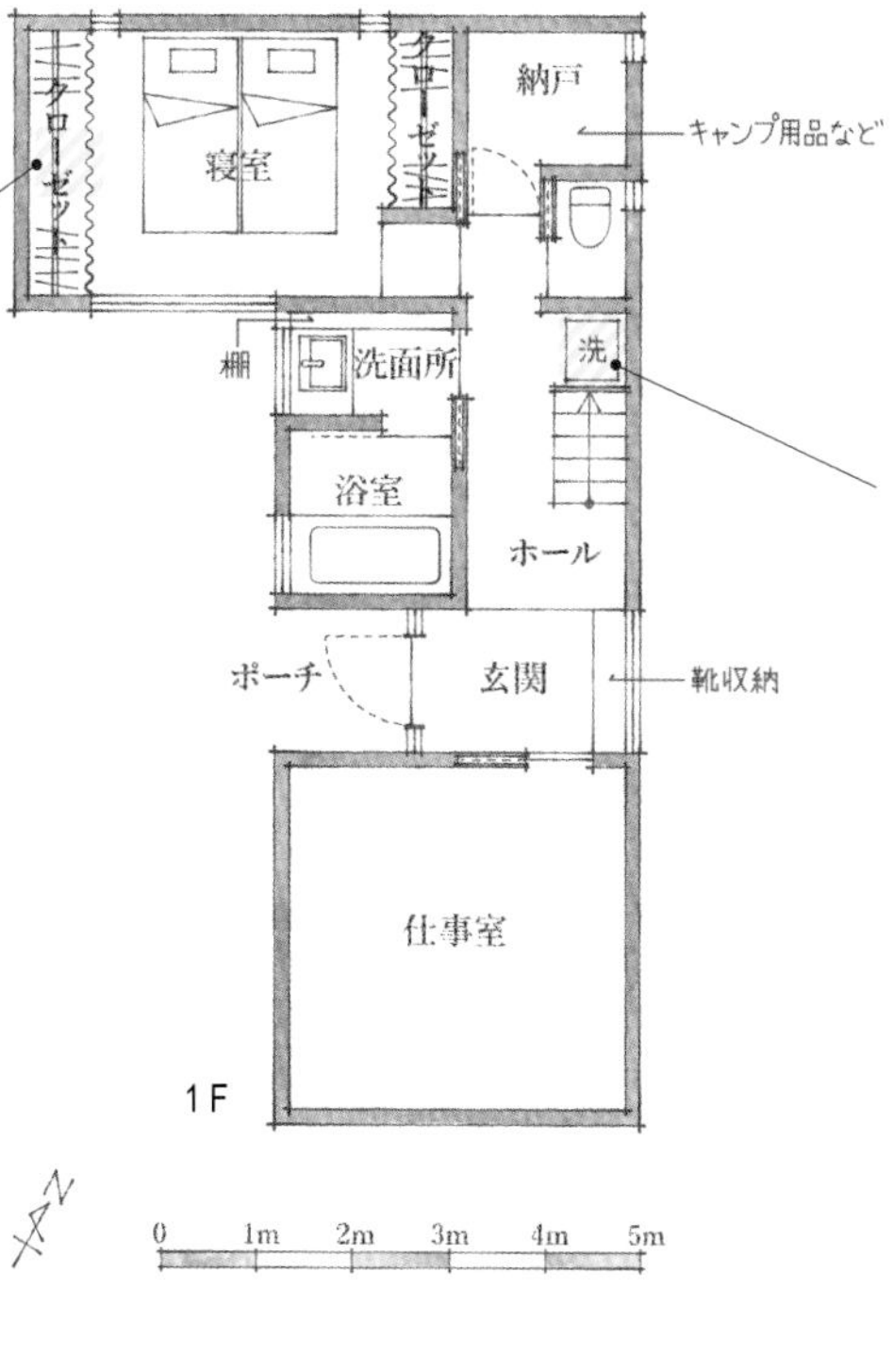

寝室には夫・妻それぞれのクローゼットを設けた。扉はつけずカーテンで目隠しを。見た目が和らいで圧迫感を回避できた。

洗濯機の置き場所は階段下に設定。入浴前に脱衣する洗面所や、洗った服をしまう寝室にも近い位置で動線が効率的。

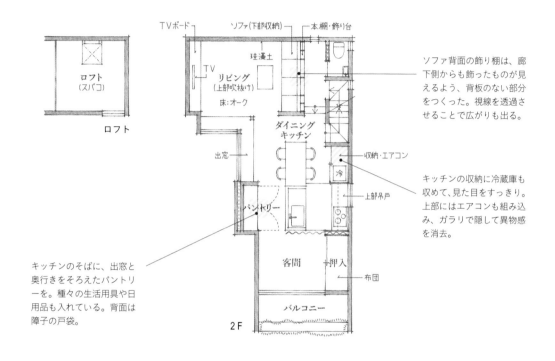

整う住まい 09

可動の造作家具で家族の変化に応じ心地よさが続く家

熟年夫婦の、子どもの自立を見据えた家づくりは、間取りや内装の自由度を優先した中古マンションのリノベーション。隅々まで計算された美しい空間で、好きなものや家具をきれいに収めて暮らす。

（埼玉県 S邸）

右：ダイニングにはカイアールの円卓（直径1.2m）にウェグナーのYチェア、ルイス・ポールセンのペンダントライト。壁面吊り棚の扉はシナベニヤで、薄い白の塗装で木目を抑えた。**左：**床を少し掘り込みカーペットを敷き詰めたリビング。肘掛け椅子はウェグナーのCH22。ソファはオリジナルで、下部が引き出し式の収納に。

「終の住処」も意識して自宅を購入した50代のS夫妻。選んだのは、利便性や資産価値を考慮した駅から徒歩圏内の中古マンションだ。「新築住戸の画一的な間取りには面白味がなくて。それなら中古をリノベーションして自由につくった方がいいなと」（妻）。

妻はインテリアの仕事をしていたこともあり、家具や食器、アートに目がない。「だいぶ整理したのですが、またものが増えてしまって。でも、少しはものが置かれていた方が落ち着くというのもあります」。

壁の絵や北欧デザインの家具、小さなオブジェや観葉植物が心地よいバランスで配置されている室内は、和洋のイメージが混在する静謐な雰囲気。板張りと白い壁の使い分け、整った水平ライン、温もりのある素材感が、長い時を経たかのような居心地のよさを醸し出している。

約76㎡の住戸は大人4人の家族には少し窮屈だが、娘たちはじきに自立するだろう。建築家の小谷和也さんには、個室は最低限の面積に抑えLDKをできるだけ広く、とオーダーした。20畳弱のLDKは、フルオープンのキッチン＋円卓のダイニング、小上がりの畳スペース、一段低いカーペット敷きのリビングの3パートに分かれ

左右の掃き出し窓と板張りの壁、三方にめぐらせた垂れ壁で水平ラインを強調。障子は2枚の引違いを一枚に見せるデザイン。横桟を低めに一本だけ通すことで重心が下がり、天井高を確保できない室内でも高く見える。

ている。畳スペースは、布団を敷けば夫妻の寝室に。その場に合わせて設計されたソファや、間仕切りを兼ねるテレビ台で、空間を隅々まで無駄なく使い切っている。

妻が20代の頃から集めてきた大量の食器や調理器具を収めるため、キッチンには背面収納とパントリーを充実させた。リビングでは「収納らしく見えない収納」に支えられている。畳スペースの下は全面収納で、手前側は引き出し、奥側は薄い置き畳をめくり上から出し入れする。「収納家具で部屋を狭めるより、スペースにゆとりがあった方が落ち着くんじゃないでしょうか」。はみ出るものに合わせて置き家具を増やさないように、リビングには個人のものを持ち込まないのが家族のルールだ。

造り付けのように見えるソファやテレビ台、小上がりは、すべて容易に移動が可能。小上がりを撤去してテレビ台を壁付けにすれば、区切りのないワンルームに変更できる。娘たちの小さな個室でも可動の家具を間仕切りにしているので、将来移動して夫婦の寝室にすることができる。

妻はリノベーションを機に、再びインテリアコーディネートや収納サポートの仕事をするようになった。人生の後半で得た理想の家が、新たな可能性を運んでくれた。

1
3 2

1フラットなキッチンで手前と奥の空間を一体的につなげる。カウンター下も引き戸式の収納になっている。吊り棚の引き戸は一枚だけ半透明のアクリル板にして、リビングからの眺めに柔らかさを出した。2畳スペースの片隅にはデスクを組み込んで。一人で読書に集中したいときなどにぴったりの落ち着きがある。3テレビ台の下、左半分は引き出しでDVDなどを収納。右半分は麻布を張った引き戸で、機器類が収まっている。

4
6　5

4畳スペースとリビングの間の腰壁＝テレビ台。東面の２つの窓はサイズがまちまちだが、障子の縦寸法をそろえることで見た目を整理。柿渋塗りの下見板が外壁のようなくだけた印象を添える。柱は空間を分節するための「見せ柱」。5畳と畳寄せの下が収納に。出番の少ない書籍や書類をしまう。6畳下の手前側は奥行きの深い引き出し収納。奥にはブランケット類、手前にティッシュやマスクなどのストック品、と使い分け。

2 1
5 4 3

1 キッチン手前の収納にはお茶の道具や花器類をしまう。奥行きが浅めで出し入れが容易。**2** 吊り棚は低めに設定して取り出しやすく。一番上まで背伸びせずに届く。引き戸は開け放しておいてもじゃまにならず、地震で開いてしまう不安がない。**3** キッチンのパイプスペース手前の浅い棚は調味料置き場。上は扉を外してパイプを露出させたところ。**4** パントリーの扉付きの棚には、食材ストックや蒸し器、土鍋など。収納用品を組み合わせジャストに収める。**5** 食器用の引き出しは、妻がしまうものを熟慮し段数を設定。

圧迫感のない
壁面収納で
大量の食器も整然と

家族は変化するもの
合わせていける余白が大事

3
4　　2 1
5

1 パントリーからつながるキッチンの作業スペースは、ゆったりした幅。造作キッチンの下部の棚は木のすのこに。**2** パントリーのオープン棚には、後からカーテンを付けた。「本やストック品のほか掃除用具も一式入っていて、洗面室と行き来するたびに見えるので」(妻)。ガーゼのカーテンはほんのり中が透けて軽やか。**3** 次女の部屋。小さな窓ひとつだけだが、間仕切り収納の上部が隣の部屋に通じていて、そこからも光が入る。**4** 玄関ホールからリビングを見通す。壁は珪藻土、天井と床はスギ。**5** 長女の部屋。出っ張った柱の奥行きにぴったりのデスク＋棚を造作。

2　1

4　3

1 洗面台の下のカゴにタオルやドライヤーを。湯上がりはフェイスタオル2枚で済ませてかさばるバスタオルを廃止。**2** 洗濯機上の棚には、ケースごとに家族それぞれが入浴時に使うものを分けて。こうすると浴室内が散らからず掃除もしやすい。洗濯ネットはネットバックにまとめて。**3** ウォークインクローゼットにはハンガーパイプのほか、平置き用の棚もつくった。**4** パイプスペースを利用してクローゼット内につくったアクセサリー用の棚。

CASE 09　Sさんの間取りと収納

DATA				
専有面積	76.28㎡	設計	マスタープラン
リノベーション竣工	2018年	施工	TOIVO
家族構成	夫婦＋子2人		

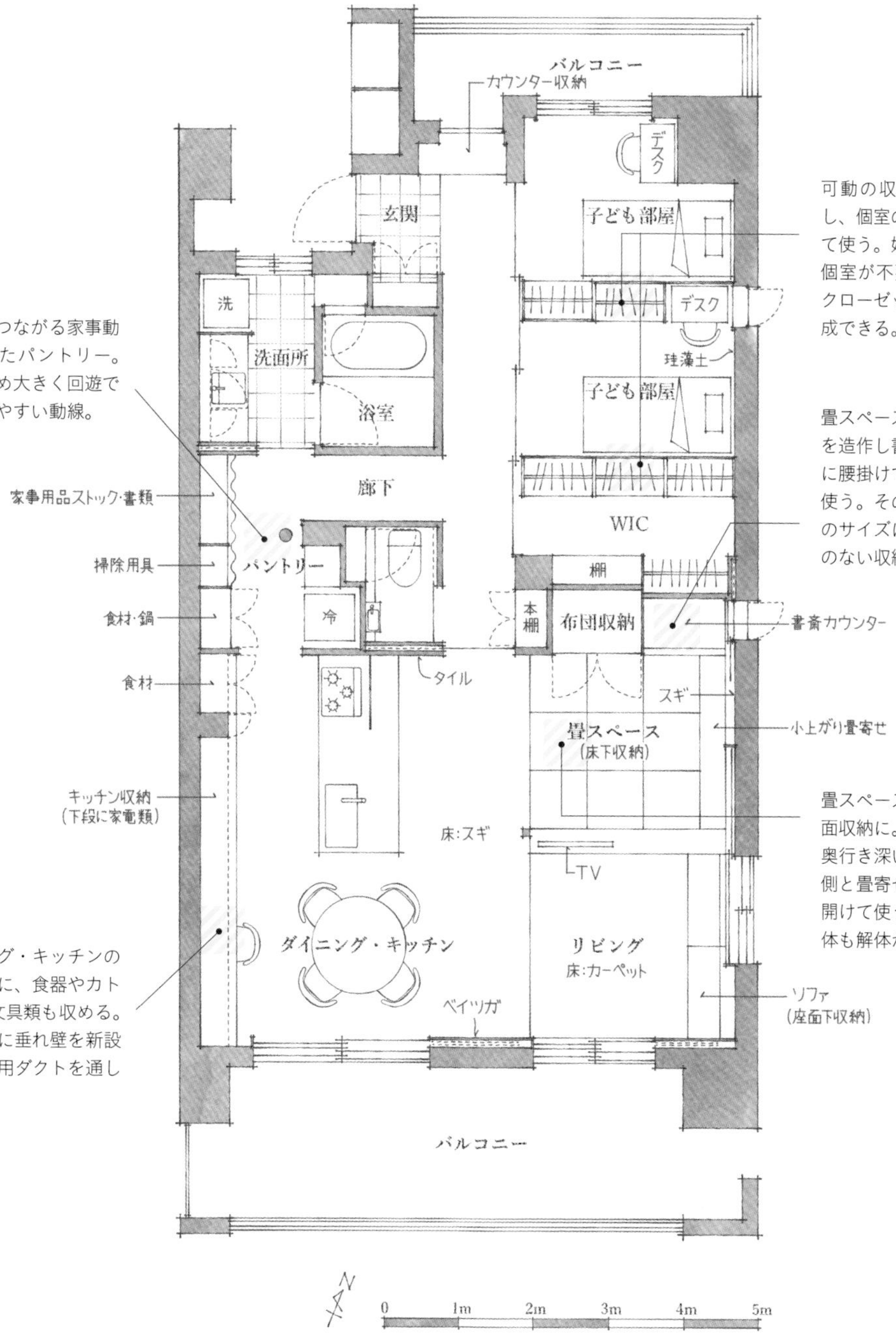

洗面所へつながる家事動線を兼ねたパントリー。廊下を含め大きく回遊できる動きやすい動線。

ダイニング・キッチンの壁面収納に、食器やカトラリー、文具類も収める。吊り棚上に垂れ壁を新設し、換気用ダクトを通している。

可動の収納家具を作成し、個室の間仕切りとして使う。娘たちが独立し個室が不要になったら、クローゼットも含め再構成できる。

畳スペースにカウンターを造作し書斎に。畳の縁に腰掛けて足を下ろして使う。その左側は、布団のサイズに合わせた無駄のない収納。

畳スペースの床下は、全面収納に。キッチン側は奥行き深い引き出し、奥側と畳寄せ部分は上から開けて使う。小上がり自体も解体が可能。

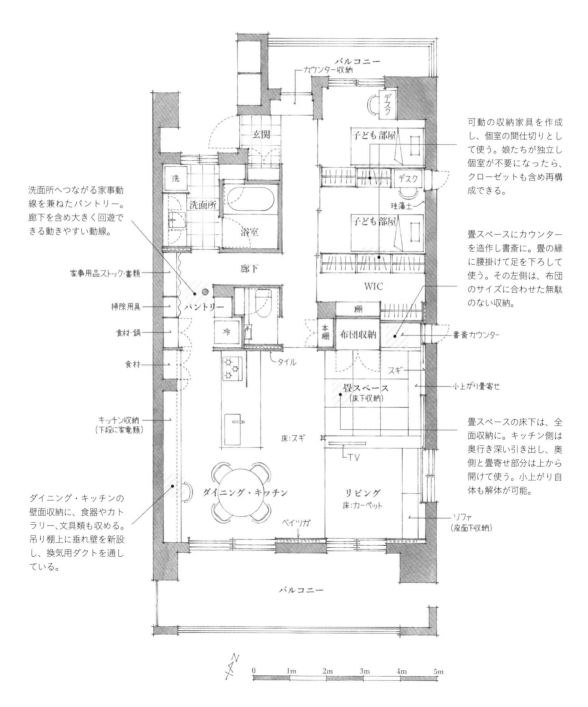

右：夫の仕事や打ち合わせなどの接客スペースとしても利用される学習・図書室。**左：**高窓からの自然光で明るい学習・図書室は、宿題をしたり本を読んだりと多目的に使われるセカンドリビングで、いつの間にか家族が集まっていることも多い。みんなが気持ちよく使えるように、ものを出しっ放しにしないのがルール。

整う住まい 10

共有の図書室で家族と空間のつながりをつくる

デザイナーの夫と雑貨好きの妻。リビングとは別に、家族みんなが本を読んだり勉強したりできるセカンドリビングを希望。ふたつのリビングを、吹き抜けでおおらかにつなげ、好きな家具を置く。

（神奈川県 S邸）

「イラストレーターの大橋歩さんの家に憧れていたので、大橋さんが編集する雑誌の読者という共通項がある青木さんとは、最初から話がよく通じました」という夫。漆喰と木のシンプルな佇まい。デザインを主張しすぎず、生活を大切にする。建築家・青木律典さんの過去の設計例にも、同じ匂いを感じていた。

まさにそれを再現したかのような、楚々とした室内。玄関から少し階段を上がると、高窓から優しい光が降り注ぐ、広い踊り場のような場所がある。大きなテーブルと本棚のあるこの部屋は「学習・図書室」。「学校の多目的ホールみたいな感じ」と解説してくれる5年生の長女は、家じゅうでこの場所が一番気に入っている。学校から帰ると、弟とともにテーブルで勉強をしたり本棚の絵本を読んだり、思い思いに過ごす。ただし、ここは自宅でデザインの仕事をする夫が来客と打ち合わせを行う、セミパブリックな場所にもなる。だから、ものの出しっ放しは厳禁。「しまう場所をはっきりさせて、その都度片付けようねと声をかけます。なかなかきちんとはできませんけど」（妻）。

吹き抜けの階段を上がると、リビング・ダイニング。こちらは完全にプライベートで、建て込んだ住宅地なので開口部は控えめだが、漆喰で隅を丸く塗り回した大きな船底天井がふわりと優しい。上質な家具は、賃貸住宅のときから少しずつ買いそろえたもの。「いつか家を建てられたら使いたいなと思う家具や照明を、見つけるたびに買って。どの部屋にどの家具を置くか、決めた上で設計してもらいました」（夫）。

ものは窓台を兼ねる造り付けのサイドボードと廊下に面した押し入れに整理され、すっきりした室内だからこそ自慢の家具が引き立つ。北欧好きの妻は食器や雑貨を大量に所持しているが、部屋にはごく限られた装飾品しか見当たらない。ものへの愛情と飾りたい欲求を、小さい頃からのきれい好きが上回り、雑貨類は徹底して扉付きの棚の中に秘めている。

夫の仕事部屋、子ども部屋、キッチンなど、用途ごとにスペースがしっかりと区切られていることが、家全体の整えやすさにも通じている。家族共有の場所も、くつろぐリビングと活動する図書室に分けメリハリをつけた。それでいて、すべての場所がつながっている感覚も。家族みんなが、いつでも気持ちよく過ごせる家になった。

4
3
5
1
2

1 学習・図書室は、吹き抜けを通じて２階リビングとも緩やかにつながる。**2** 賃貸住宅に住んでいたときから使っていたスイスのユニット家具USMハラーに子どもたちの教材を。教科書やドリルが倒れないよう、ファイルボックスで区分け。時間割は扉の表に張らず、内側にマグネットでとめて。**3** 窓際の天井高は2m強と低め。南側は景観が得られないので開口部を絞り込み、天窓から採光。ダイニングテーブルはフリッツ・ハンセン、椅子は同・セブンチェア。**4** 窓下に収納棚をつくり出窓風に。左側は妻が集めた北欧雑貨類をしまう。**5** 右側はCDやDVD、書類のコーナー。

ピュアな空間と上質な家具
それだけで満たされる

なだらかな傾斜天井に覆われたリビング・ダイニング。右奥は学習・図書室とつながる階段の吹き抜け。左の小窓は1階の寝室に通じている。ジャスパー・モリソンのソファは「何気ないけれど、よく考えられたデザイン」（夫）。

カラフルなものは部屋の奥に潜めて

6 3 2 1
7 4
8 5

1 夫の仕事部屋（右）への入り口は、玄関に直結。ドアは閉めると壁と同化する。**2** 夫の仕事部屋は３畳と小さい分、天井を高くして２方向に窓を設け開放的に。棚の奥行きは無印良品の収納ケースを前提に決めた。**3** キッチンは料理に集中できる個室スタイル。背面には壁一面に棚を造作。**4** 来客用の特別なティーセットは奥の棚に。**5** お箸や鍋など日常使いのものは入口付近に。意外とカラフルなものも多いが、表に飾らないのが妻のこだわり。**6** 実用的につくった吊り棚にも、気に入りの食器や雑貨を少しだけディスプレイしている。棚板の一部がステンレスのすのこで、濡れたものを置くことができる。**7** 収納にゆとりがあったので、パントリーは妻の北欧雑貨のコレクションや子どもたちのおもちゃ、絵本を置く場所になった。**8** キッチン奥の深い棚にはオーブンや平皿を。

LONG TRACK
FOODS
PANCAKE MIX

2　1
4　3

1 散らかりがちな洗面まわりの小物は、ミラーの裏側の棚に。棚の中も、小物をケースでまとめているから雑然としていない。上の方にはおもちゃも少し。**2** ドアや軒天にも木を使った玄関。土間の仕上げは細かい砂利の洗い出し。木目を横使いにした収納扉は、洗面やダイニングでも共通。**3** 寝室とクローゼット。上にロフトがあり、季節外の服や家電・布団などを置いている。**4** 玄関ホールから学習・図書室と階段吹き抜けを見る。

CASE 10　Sさんの間取りと収納

DATA				
	敷地面積	138.96㎡（42.03坪）	家族構成	夫婦＋子2人
	延べ床面積	111.05㎡	設計	デザインライフ設計室
		1階：61.87㎡　2階：49.18㎡	施工	幹建設
	竣工	2017年		

唯一の押し入れ的な収納に、掃除機、書類、プリンター、Wi-Fiルーターなど見せたくないものを集合させて。扉は目立たないつくりに。

寝室からはしごを使って上がるロフトで収納量をカバー。季節外の服や家電・布団など、かさばるものの一時置きに利用。

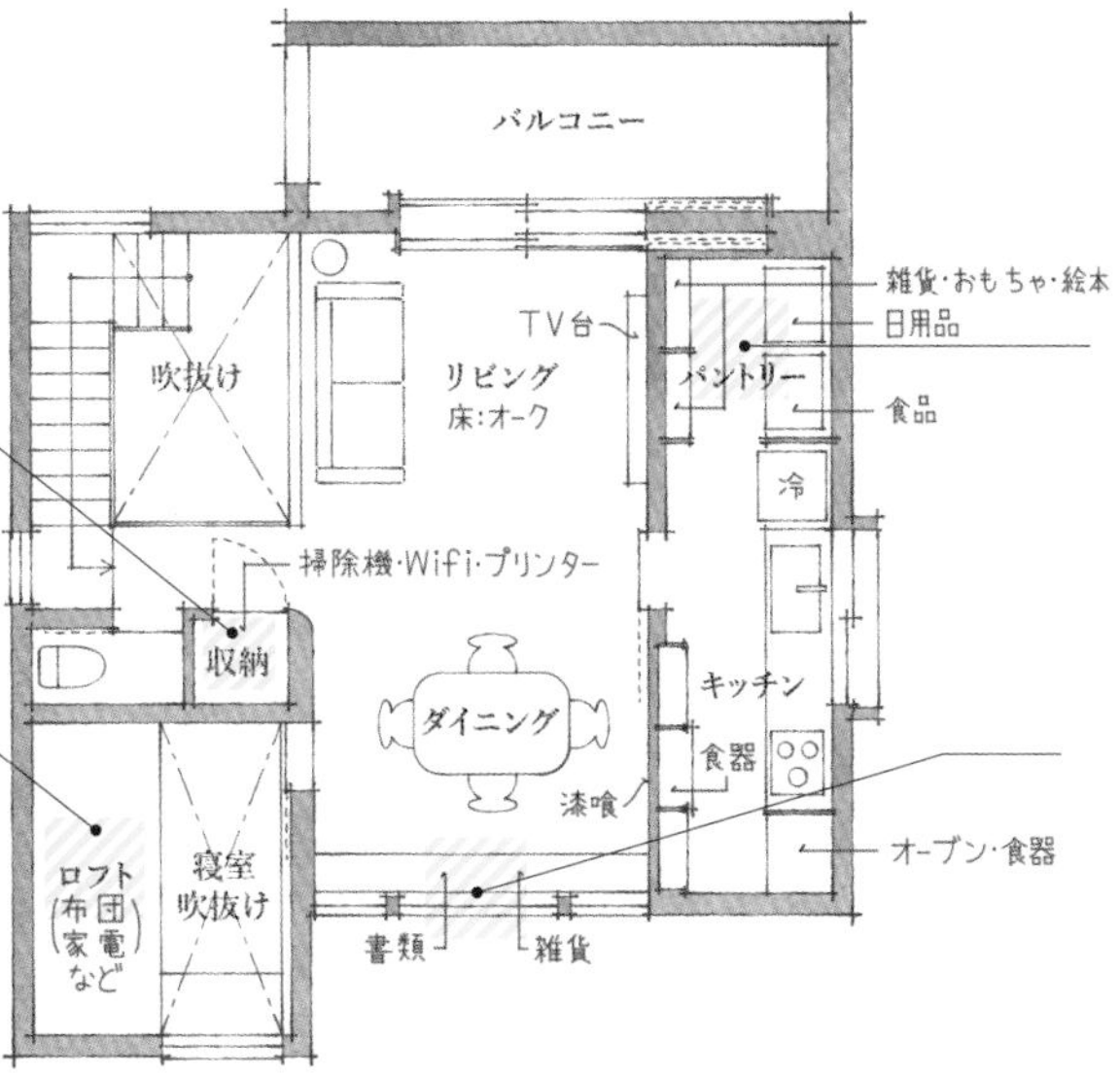

2F

日用品ストックの他に、妻の北欧雑貨のコレクション、リビングで遊ぶための子どものおもちゃや絵本をしまう。妻の個室的スペース。

窓下の左右いっぱいに棚を造作し、出窓風に。オブジェなどの装飾品や文具、CD、DVD、手芸用品など幅広いものを収納。

家族共有の本棚を壁面に造作し、上を大人の本、下には絵本を収納。上部はエアコンのスペースに充てた。

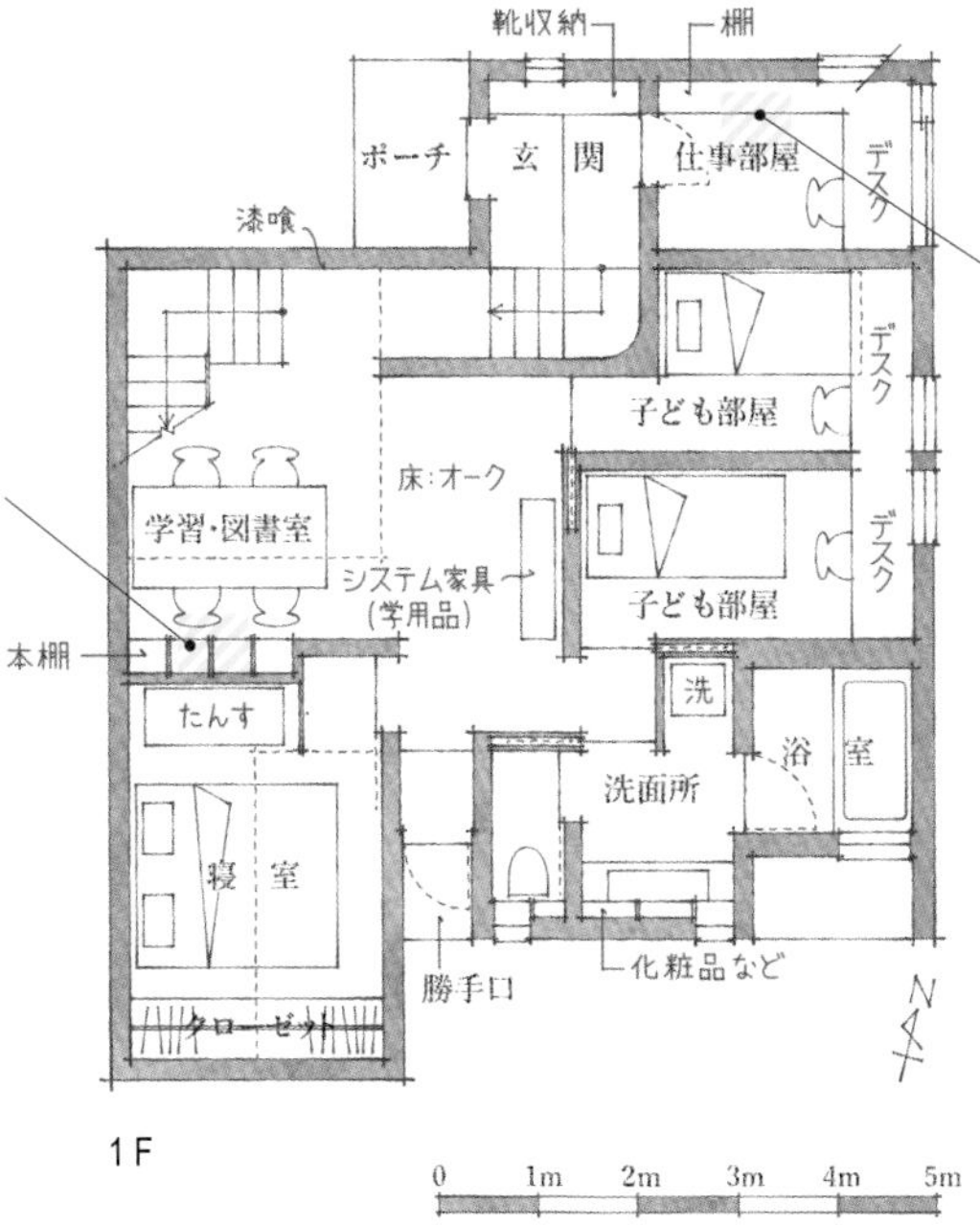

1F

仕事部屋の壁面には棚柱を付けて、高さを変えられる棚に。棚板の奥行きは既成の収納ボックスに合わせて決めた。

整う住まい 11

ものは少なく
無駄なく満たされる
身の丈サイズの家

持ち物の量を理性的にコントロールする、つつましやかなサイズの家。廊下が省かれ、動線が効率的な間取りは暮らしやすい。庭を抱き込むことで広がりを得、完成度の高い造作家具と美しい光で彩る。

（愛知県 近藤邸）

チェリー材やラタンの張り地、モザイクタイルがソフトな印象をつくる造作キッチン。棚板にダウンライトを組み込み、エアコンと換気扇を吊り棚風にカモフラージュ。

3 1 2

1 6畳のリビングは、キッチンと同じHolly Wood Buddy Furniture（ホリーウッドバディファニチュア）宮嶋浩嘉がデザイン・製作した造り付けソファで構成。床を一段落として天井板を省略することで、高さ方向の広がりが感じられる。**2** ダイニング・キッチンは大きな窓でデッキと庭に開かれている。網戸も木製のオリジナル品をあつらえ、見た目の統一感を出した。**3** 右奥が書斎、左奥が玄関。宮崎椅子製作所のチェアとテーブルは、キッチンと同じチェリー材。床も家具と色をそろえ、赤味のあるオイルで仕上げた。

庭も室内の一部
広がりが気持ちを
豊かにする

1
5　4 3 2

1 リビングは安心してくつろげるように奥まった場所に配置し、床をカーペット敷きにしてくつろぎ感を強調。書棚はリビング内ではなく入り口に設け、リビング内はすっきりさせて。**2** 部屋ごとに区切られた間取りだが、自然に気配が行き交う。**3** 目立ちにくい廊下の壁には、マグネットが付けられる塗料を使用。**4** リビング入り口の六角形の柱にラタンを巻いて柔らかな表情に。**5** リビングは他の場所より床が一段低く、地面に近い目線から違った表情の庭を楽しめる。

「近藤さん夫妻は30代になりたてのころに、一度自宅の新築を模索したことがある。郊外の広い敷地にゆったりしたコートハウスを思い描いたが、敷地調達がネックになり実現しなかった。そして7年後、満を持しての再出発となった。

「今回大事にしたのは〝足るを知る〟ということ。あれもこれもと詰め込むのではなく、引き算で〝最小限の豊かさ〟を建築家の松原知己さんと考え抜きました。家を自分たちに合わせるだけでなく、自分たちが家に合わせて暮らしを整えていくことも楽しみたい。僕にとってマイホームは〝夢〟ではなく、生きる上で必要な〝道具〟のひとつです」(夫)。

　そうした考えを反映したこの家は、敷地100㎡、延床面積80㎡とコンパクトだ。「小さくて、中身がギュッと詰まった家が好きで」と夫。庭のある暮らしがしたいというのは、7年前から揺るがなかった部分。ダイニング・キッチンとリビングで、庭とテラスをL字に囲んでいる。

　コンパクトなダイニング・キッチンでは、大きな窓でテラスとの一体感と広がりを強調。食卓と距離の近いキッチンは、ヴィンテージキャビネットをイメージして家具作家にオーダー。円卓とともに、ジャストフィットの居心地をつくる。テラスは、チェアを出して仕事をしたり、マンガを読んだり、うたた寝をしたりと、室内の延長として使われている。

　収納は必要最低限にとどめ、引っ越しを機に持ち物の量を家に合わせた。「でも、小さな家にこそパントリーは必要ですね。キッチンが常にオープンの状態なので、雑多なものはとりあえずパントリーにしまえばすっきりします」(夫)。

　限られた面積を有効に使うには、ひとつの場所に複数の機能をもたせることだ。2階の大型クローゼットは、アイロンがけができる家事室と寝室から浴室へと抜ける通路を兼ねる。窓辺のデスクは妻の書斎としても使えるし、アイロンがけの済んだ衣類をすぐにしまうことができるので、家事の効率もアップした。

　どこにも無駄がなく、すべての部分に意味があると感じている夫。「ここをこうすればよかった、と思うところがひとつもありません」。引っ越してからまだ2カ月。小粒だが簡単には味わい尽くせない家の奥深さに、少しずつ気づき始めたところだ。

1 チェリー材を用いて置き家具のように端正につくられた造作キッチンは、足元をフリーにして軽やかに。**2** 「取っ手として開けられた丸い穴の感触や、引き出しのソフトな閉まり方が快感」と夫。使うたびに喜びを感じる。**3** 家電と食材は、キッチンの奥の棚に。さらに右手にも手洗い付きのパントリーがある。**4** キッチン下の収納は、中まできちんとした素材でつくられている。ラタン張りの扉は通気性も高い。**5** 引き出しには細かい仕切り板を入れて、立てる収納に。食材をひと目で把握できる。

3　2
5　4　　1

凝縮された動線で家事がサクサク進む小さな家の美点

4 2 1 3 6 5

1 2階のクローゼット兼家事室から、奥に洗面所、バルコニーを見通す。右がクローゼットで、デスクでアイロンがけをした服をすぐにしまえる。デスクでは妻が自分の時間を過ごすことも。**2** 洗面台横には、壁厚を利用して棚をつくった。奥行きが浅いのでボトル類を並べれば取りやすい。**3** 屋根付きのバルコニー。壁とルーバーで囲まれ外から見えないので、安心して洗濯物を干したり湯上がりに涼んだりできる。**4** 玄関ポーチの塀の内側に、自転車用のフックを取り付けた。閉鎖的にならないように塀の上部は素通しに。**5** ポーチへの入り口には格子戸をつけて。玄関がダイニング・キッチンに接しているので、その手前に結界を設けてプライバシーを守る。**6** 玄関の靴収納。底板の一部をくり抜いて傘立てにするアイデアがユニーク。

2 1

3 4

1 書斎では、デスクの前の壁をマグネットペイント塗りに。コンパクトで集中できる場所。**2** 2階の寝室に面した吹き抜けは、1階のリビングに光を届け、空気を循環させる。左側の棚には季節外の衣類を置いている。**3** 子ども部屋に、階段上を利用したロフトをつくった。秘密基地のようなワクワク感がある。**4** 階段とリビングの間にも通風用の小窓を。防犯を意識して外周に窓を少なくしたが、とても風通しがいい。

CASE 11　近藤さんの間取りと収納

DATA		
	敷地面積　100.84㎡（30.50 坪）	家族構成　夫婦＋子１人
	延べ床面積　80.64㎡ １階：40.32㎡　２階：40.32㎡	設計　松原建築計画
	竣工　2020 年	施工　倉田工務店

キッチンの奥にはパントリーを。かさばる調理器具や食材ストックはここに。洗面が２階にあるので、手洗いをここにも設けた。

季節外の衣類はここに。オープン棚に収納用ケースを置きしまっている。衣替えの際はケースごとクローゼット兼家事室へ移動できる。

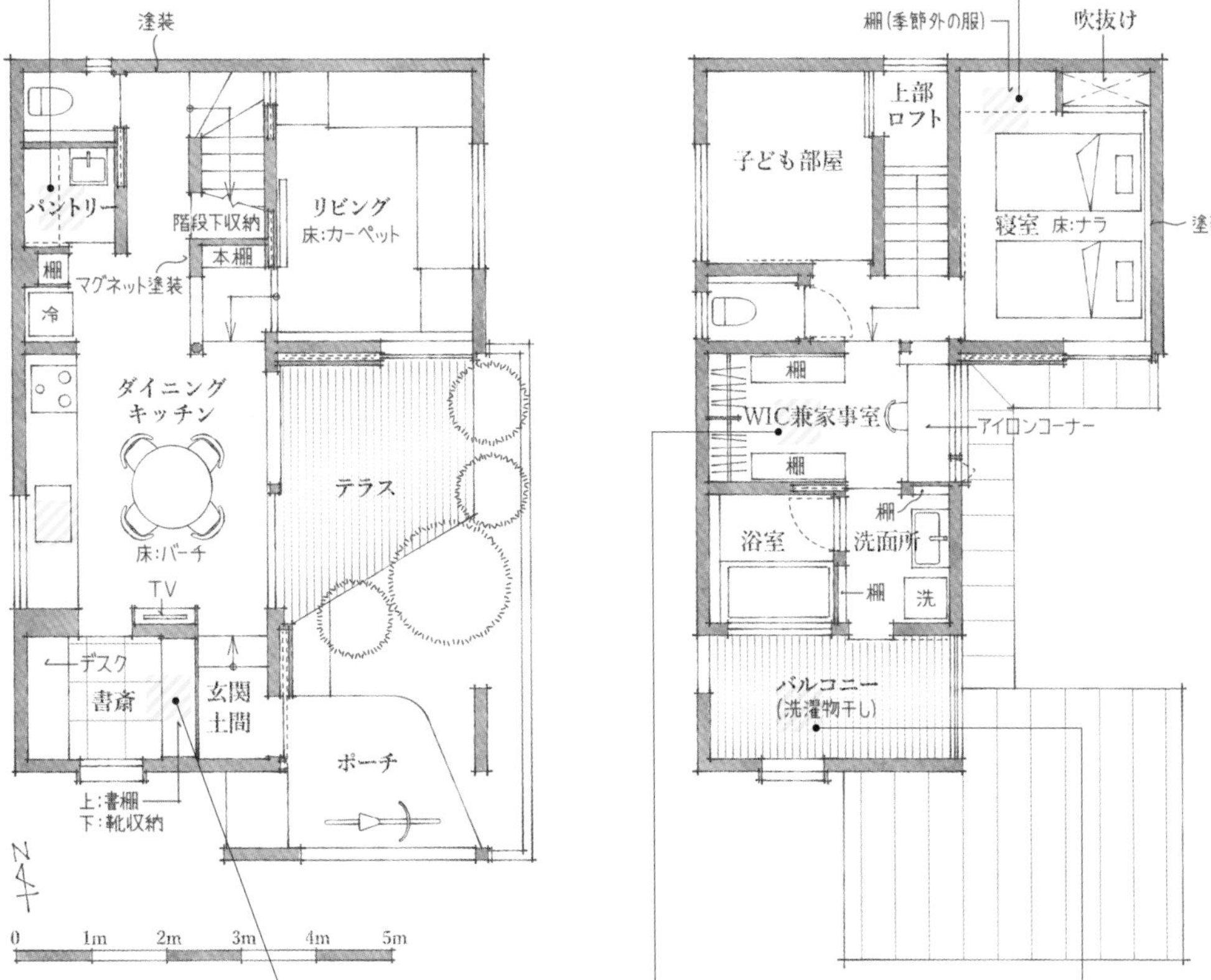

収納家具を、部屋の仕切りにして、スペースを有効に使う。上をワークコーナーの書棚、下を玄関の靴収納として使い分けている。

家族の服はクローゼット兼家事室に集約し、ハンガーパイプと自作の可変棚で整理。窓辺にアイロンかけ用のデスクをつくった。

洗濯物は、洗濯機のすぐそばのバルコニーで外干し。屋根があるので雨の日も安心。人目につかない程度に壁で囲み、通風は確保。

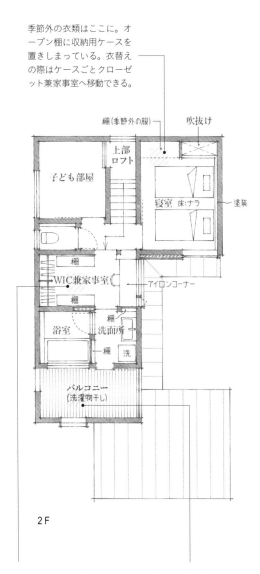

整う住まい 12

たくさんのものは扉の向こうに穏やかな光に憩う

人生も折り返し地点に差し掛かろうとする夫婦が求めたのは、ピカピカのモダンさではなく、しっとりと陰を含んだ落ち着ける家。動線と表裏一体の造作収納で、しなやかにものをコントロールして暮らす。

（東京都 I邸）

右：リビングのソファコーナー。ゆったり座れてスピーカーも置けるように、背もたれの後ろにスペースをつくった。上の小窓は洗濯室に通じている。**左：**リラックしたいリビングで眩しさを感じないよう開口部は絞り気味に。キャットウォークの格子戸から漏れる光やスタンド照明の微妙な陰影を感じ取れる。

造作家具で心地よさをつくる特徴的な設計

2　1

6 5 4 3

1 壁は珪藻土で「夏の湿気や冬の乾燥が気になりません」と夫。「庭にすぐ出られるので、リビングを1階にしてよかった」（妻）。**2** テレビ下の引き出しにはDVD。**3** ソファの下には日用品を収納。背もたれを外すとお酒の瓶が並ぶ。コンセントもここに隠れている。**4** テレビの下はスピーカーその他機器の設置場所。扉の面材は、スピーカーからの音やリモコンの赤外線を通すファブリックに。**5** 500枚のCDのコレクションは、テレビ上の吊り棚に。**6** いつの間にか増えたグラス類は、ダイニングの吊り棚に並べて。引き戸は地震でも開きにくいので安心。

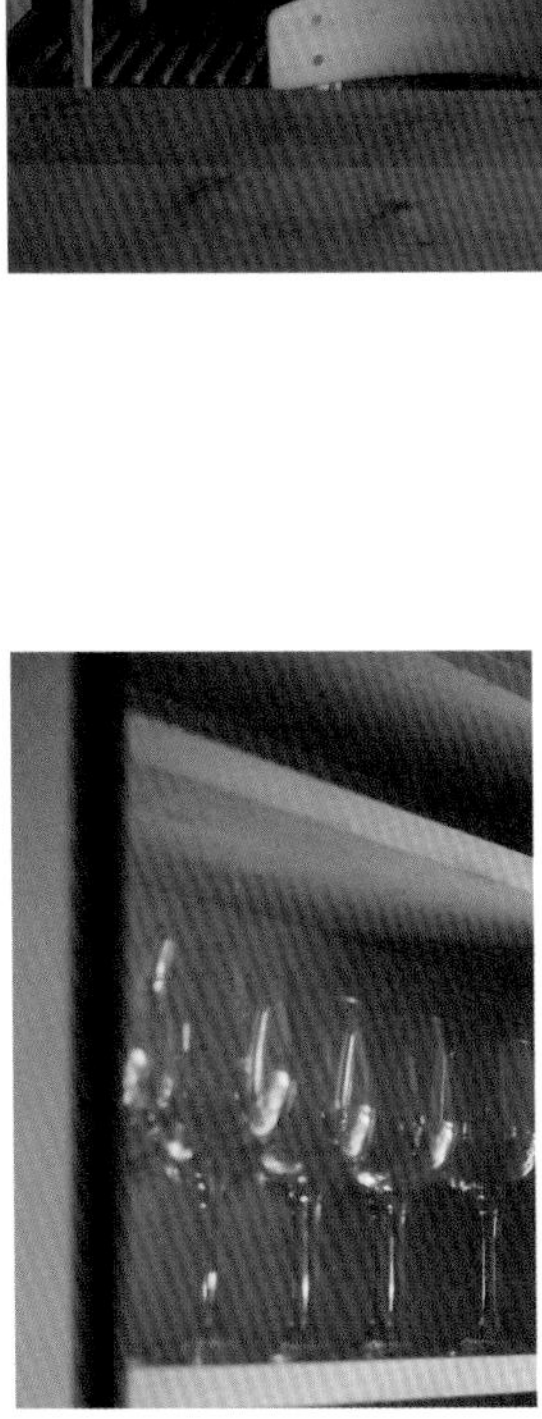

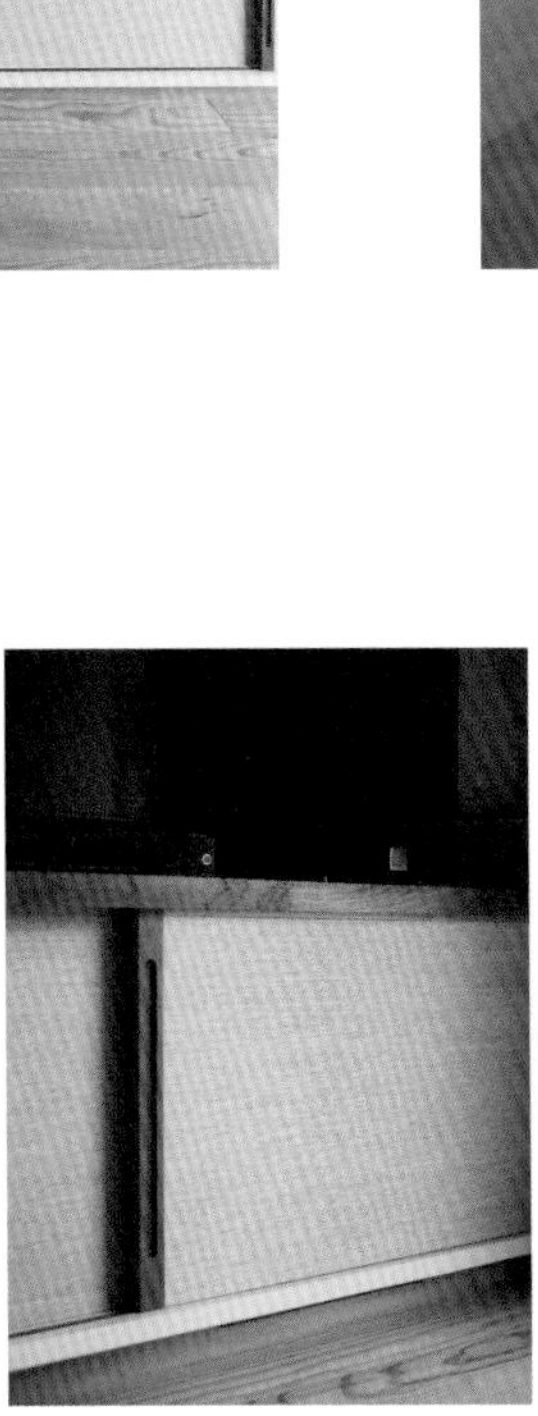

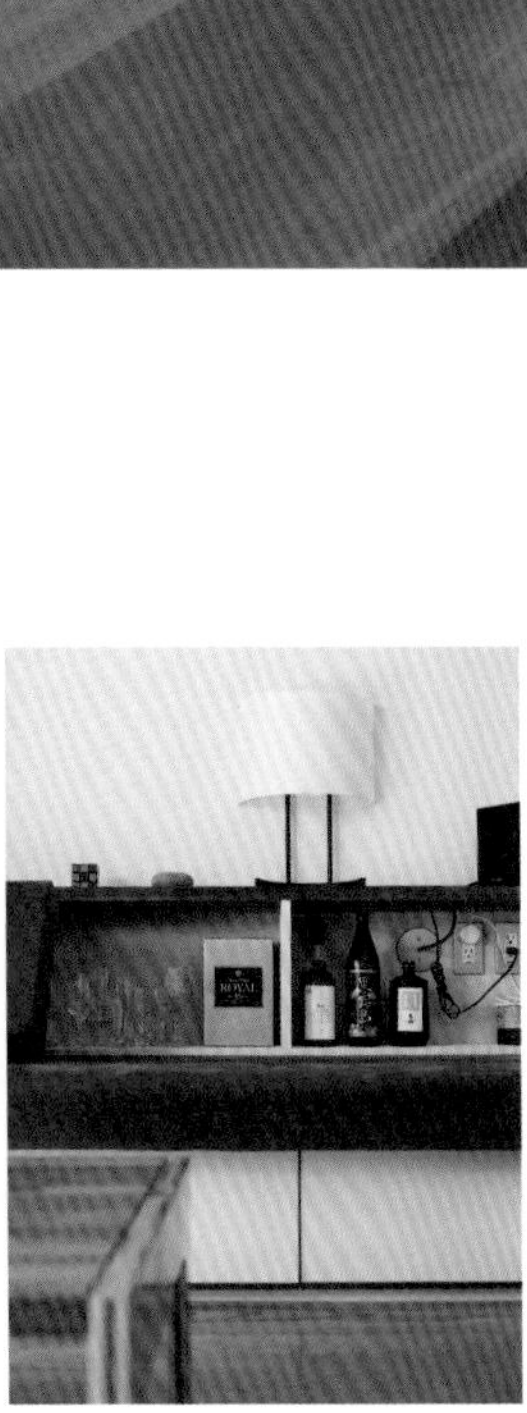

「なかなか出ないようないい土地があるんだけど、どう?」。不動産業を営む知人から耳寄りの情報が入った。家族3人、長年暮らした団地と同じエリアに家を建てられるなら願ってもない話だ。

建築好きの夫が設計を任せたのは、伊礼智さん。「目白の小さな事務所にうかがうと、初日は伊礼さんの自己紹介みたいな感じで終わり。後日設計された家を見学させてもらうと、好きな雰囲気でした。天井が抑え気味で落ち着きがあって。ピカピカのモダンよりリラックスできる方がいいんです」。

最初に提案されたのは2階にリビングのある間取りだったが、「50代の私たちが歳を取ってからも暮らす家なので」と妻は1階を希望した。住み始めてみるとやはりリビングの暗さが少し気になったが、慣れてくると眩しさがなく、むしろ落ち着く感じがいいなと思うように。「明かりをつけてもきれいだよね」と、夫はソファやテレビ台のスタンドを灯す。

天井低めのダイニングキッチンから、吹き抜けのリビングへ。庭に奥行きがなく隣家が近いので「吹き抜けの高窓から光を」となりそうなところだが、隅に格子戸付きの細長い窓があるだけ。理由は、将来向かい側に高い建物が建つ可能性があるから。家づくりで賭けのようなことはすべきでない。

500枚を超えるＣＤなど、Ｉさんはやや持ち物が多い方。きれいに暮らすためには造作の収納が欠かせない。リビングにずらりと並ぶ吊り棚は、扉を壁と同じ色にして圧迫感が抑えられている。廊下とＬＤＫの間にも、仕切りを兼ねる収納家具が。「これが間取りの要になって、いろんな場所につながります。都心の家では空間を無駄にできないので、収納量を上げながら仕切り、動線になじませるのが僕のやり方」(伊礼さん)。

収納をコントロールするのは、専業主婦である妻。「最初から用途を細かく決めず、多めに用意してもらったので融通がきいて。和室の押し入れを部分的に食品庫として使ったり、柔軟にやっています。時々配置をガラッと変えることがあるので、家族は混乱しているかもしれませんけど(笑)」。

引っ越して5年経つが、住み方が崩れないのは盤石な土台があればこそ。いつか、親と同居することも念頭に置いている。そのときも、家の懐深さに助けられるのかもしれない。

天井高は2100㎜
少し低めが落ち着く寸法

1 ダイニングテーブルも伊礼さんのデザイン。引き出し付きで、カトラリーやお箸を入れられる。2 ホットプレートなどの大きな調理器具は、キャスター付きのワゴンでコンロの下へ。3 家の中心にあるターミナルのような棚。下のガラリの中に床置きのエアコンとネットワークの機器類が収まる。4 キッチンはアイランド型にして、勝手口へ抜ける複数の動線を確保。

4 1 2 3

2　1

3

1 寝室の一画には夫の仕事机が。隣家に接する窓にはルーバーを付けた。左奥の納戸には衣類を収納している。**2** 書棚は2階廊下の突き当り、寝室の入り口の横に造作。「ほとんど僕の本が占めています」(夫)。**3** 寝室では、クローゼットの引き戸内にエアコンを隠した。使用時は開けておく。

5 4

6

4家じゅうで一番日当たりのいい洗濯室。室内干しをするとあっという間に乾く。**5**浴室には、青森出身の夫が馴染みが深いヒバを張った。南西側の浴室は日当たり・通風がよく、木部もまったく傷みが見られない。洗面台下の引き出しにはタオル類。**6**廊下とダイニングは造作収納で区切る。上着を掛けたり、新聞などの紙ゴミの集積場所に。

2 1

4 3

1 通りに面した正面外観は、１階の板張り部分と植木で優しい表情に。雨が当たりにくい軒下を自転車置き場に設定。**2** テラス横の外物置にはガーデニングの道具などを入れている。**3** 玄関ポーチにも外物置を。こちらには自転車関係の用具や脚立などをしまっている。**4** リビングの掃き出し窓はブラインドと障子で二重の構え。夜は障子を閉め、夏の日除けはブラインド、冬は断熱効果を高めるため両方使うことも。

CASE 12　Sさんの間取りと収納

DATA	敷地面積	141.07㎡（42.68 坪）	家族構成	夫婦＋子１人
	延べ床面積	113.03㎡	設計	伊礼智設計室
		1 階：59.32㎡　2 階：53.71㎡	施工	相羽建設
	竣工	2015 年		

クローゼット内にエアコンも組み込んで部屋をすっきりと見せている。ここに収まりきれない服は納戸に収納。

花粉症のため、洗濯物は室内干し。洗濯室は家じゅうでもっとも日当たりのいい場所に配置し、よく乾く環境に。

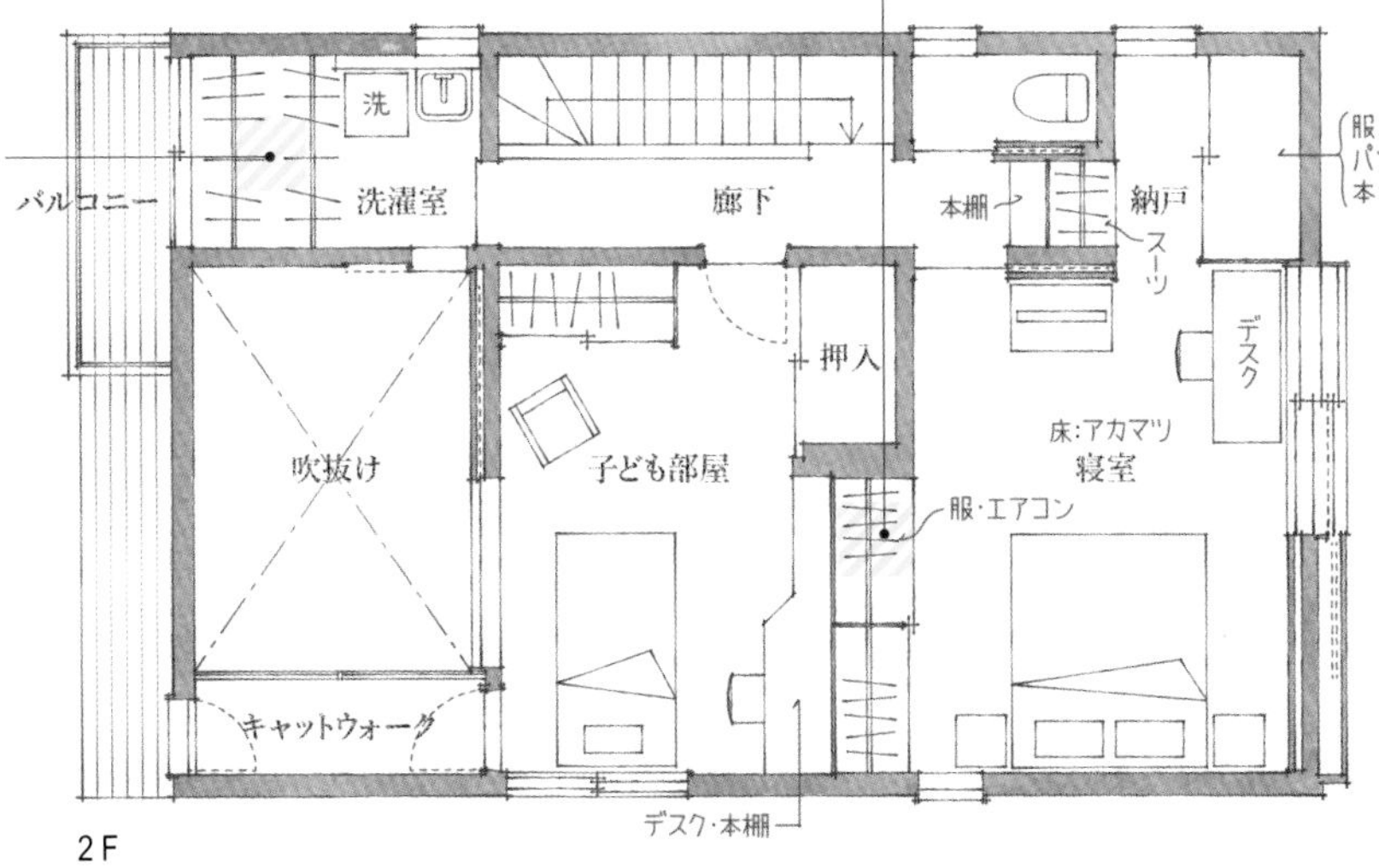

90cm ほどの深さの軒下を自転車置き場に。敷地にゆとりがなくてもきちんと考えておくと、玄関先が乱れない。

廊下と LDK を造作家具で隔てて回遊できる動線をつくり、両面から深さを按分して使いやすい収納に。

テラスに設けた外物置は、ガーデニングの道具など外まわりのものを入れておくのに便利。

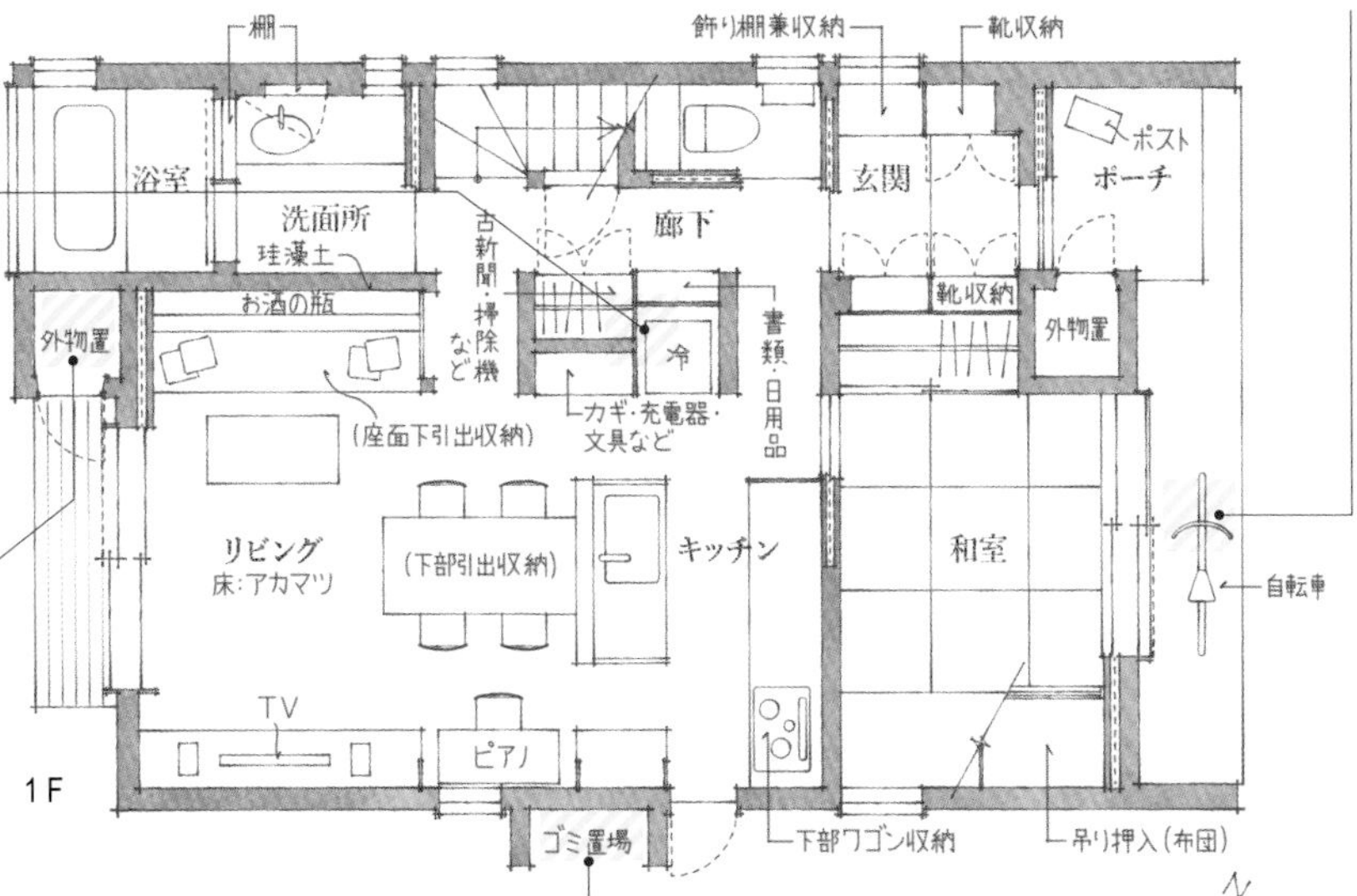

キッチンの勝手口近くの外には、ゴミ箱を置くスペースをつくった。収集日までのストック期間、外に置けば気にならない。

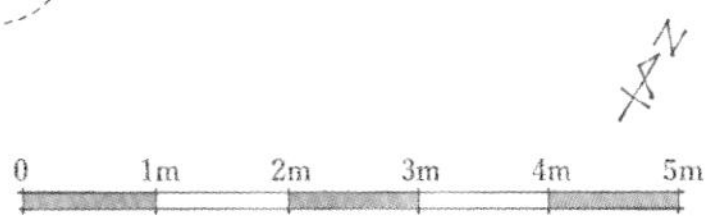

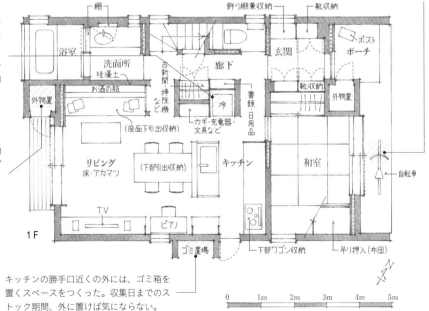

整う住まい 13

限られた広さに心地よい居場所をギュッと凝縮

25坪の延べ床面積に、内容の濃さで勝負。狭さに諦めない住み手に、建築家が全力で応えた結果、たくさんの快適な居場所が実現。収納をすべて造り付けにして人のためのスペースをキープした。

（埼玉県 A邸）

右：子ども部屋の小窓からリビングに顔を出す。**左：**右がダイニング、左がリビング、奥が子ども部屋。ロフトの床がバルコニーのように張り出している。梁を見せたり隠したり、壁に白い部分と板張りの部分を使い分けたりするなど、目まぐるしく変化してもバランスが保たれ、全体がしっくりとなじんでいる。

2
3 1
4

1 リビングの床は窪ませ、ソファは造り付け、テレビは壁付けに。**2** ソファの頭の後ろを出窓にして、窓台の下にテレビの機器を収めた。**3** テラスでは朝ごはんを食べたり、娘が友達と宿題をしたり。建物が密な住宅地なので、しっかり壁で守ってプライベート感を出した。**4** ソファの下に引き出しを組み込んで、CD や DVD を収納。収納を可能な限り造り付けにして、置き家具を不要にすることで狭さを克服し快適に。

ふくよかな
広がりと
きめ細かい
造作収納

「地方に住む母が更地のときに見に来て『こんなに小さな土地に家が建てられるの?』と心配しましたが、家が完成したときは『まったく狭さを感じない』と喜んでくれました」と妻。Aさんの家は24坪の敷地に建つ2階建てで、延べ床面積は約25坪。ここに夫妻と小学校6年生の娘の3人暮らし。確かに、面積として大きな家ではないが、それを感じさせないゆとりがある。

建築家の高野保光さんに依頼する際、規模に遠慮して要望を控えめにするのではなく、ほしい機能はすべて伝えた。「庭を眺められるゆったりした浴室」「書斎にもなる客間」「軒の深いテラス」「ふたつのトイレ」「屋根付きの駐輪スペース」……どれも狭小住宅では贅沢と切り捨てられそうな要素かもしれない。しかし高野さんも、どれひとつ諦めなかった。「無理かなと思っても、まずはやってみる。すると、自分の既成概念を越えたものに仕上がることもあるので」。

まずは、玄関。黒い玄昌石《げんしょうせき》敷きの土間は、家の規模に比して大きく、階段スペースや和室との組み合わせでより広くなり、風格さえ感じさせる。廊下を奥へと進むと、これも予想外に広い洗面所が。ガラス面で浴室とつながり、バスコートの緑が目に飛び込んでくる。湯船からこれを眺めたらさぞ

リラックスできるはずだ。

2階への階段は高く吹き抜け、天窓からの光が視線をスッと上へと導く。広い踊り場の壁面には書棚とデスクがあり、書斎コーナーに。2階のLDKは約14畳で、船底天井にロフトの床が張り出す。リビングの床は窪んで変化に富み、小さなフロアだからできるだけシンプルに、という方向性とは真逆のつくり方だ。絶妙な空間のバランスは、高野さん曰《いわ》く「身体性」の尺度から生み出される。天井の高さ、壁の厚みなど、ギリギリのせめぎあいがあった。

各所の収納にも、寸分の空間も無駄にすまい、という高野さんの粘り強さが現れる。「収納を豊富に確保することで部屋が多少小さくなったとしても、ものの露出や置き家具を減らせるから、結果的に広く住めるんです」と極意を語る。

「ソファに座って、階段に天窓からの光が降り注ぐのを眺めると『ああ、いい家に住んでいるな』って。訪ねてくる友だちも、つい長居する人が多いですよ」(妻)。数センチのせめぎあいがあったことなど、住まい手は知らなくていい。ただ、その場の美しさや心地よさを無意識のうちに感じられれば。家とは、幸せを味わうためにあるのだから。

3　21

1 造形的な力強さをもつ外観は、粘土でかたちを模索することから生まれた。彫刻を学んだ高野さん独自の手法。**2** 段差も腰掛ける場所に。床に椅子も兼ねさせるスペースの二度使い。エアコンは目立たないように壁に埋め込み、ルーバーで覆った。**3** 階段踊り場の書斎コーナーは、拡散光をもたらす天窓の存在によって、高さ方向の広がりを強く感じられる。

北側のダイニングにも天窓。隣家の迫る南側の開口部は小さめにして光量を絞ったことで、天窓からの光が生かされた。テーブルも高野さんのデザイン。ピアノとの距離を考えて細めの幅に。

2　1

3

1キッチンの背面収納内には米びつも収まる。2キッチンはリビングや階段ともひと連なりの空間であることを保ちつつ、機器の存在感を感じさせないよう高めの立ち上がり壁で隠した。冷蔵庫上の隙間空間に小型のワインセラーを入れるなど、アクロバティックに収納を創出。3リビングと子ども部屋との間には、必要に応じて仕切りを設ける予定。

建築も家具のように体に馴染むスケールで

2
1
4 3

1 ロフトからの光景。水のストックやスーツケースを置く収納として使われている。**2** 和室から玄関を見る。右の収納内に分電盤やルーターも隠されている。**3** 和室の襖を開けておくと、階段や玄関と一体的な空間に。玄関と和室で地窓をつなげたのが一体的に見せるコツ。**4** 玄関から和室を見る。脱いだ靴を奥へ隠せるように、床を浮かせて下を空けてある。

1
4 3 2

1 洗面所から浴室越しに、庭の緑が見通せる。２つの場所はガラスで視覚的な境目をなくし、床・壁のタイル張りを連続させ自然なつながりを演出。**2** 家に入る前に手が洗えるよう、玄関ポーチには小さな手洗いを。インターホンや表札と合わせてコンパクトにまとめた。**3** ポーチ横には、外物置兼自転車置き場をつくった。**4** トイレの収納棚は窓、飾り棚と組み合わせてデザイン。間接光を取り入れる。

CASE 13　Aさんの間取りと収納

DATA

敷地面積	79.71m²（24.11 坪）	家族構成	夫婦＋子１人
延べ床面積	83.78㎡ １階：41.01㎡　２階：42.77㎡	設計	遊空間設計室
竣工	2015 年	施工	内田産業

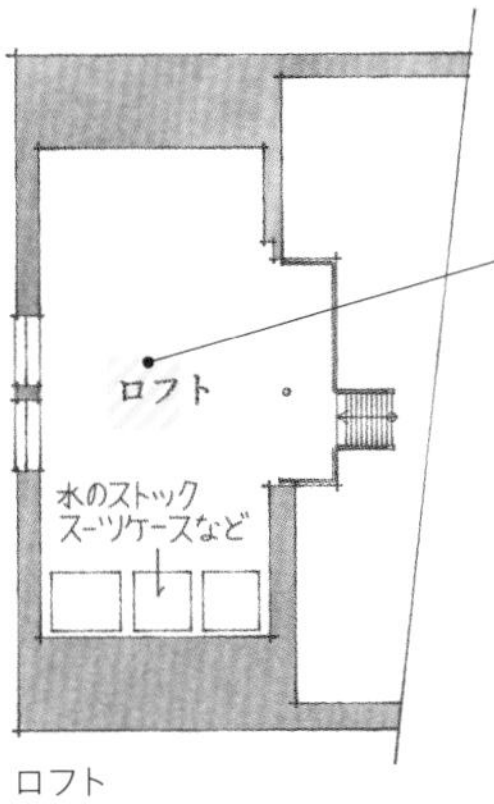

ロフト

ロフトは使用頻度の低いものをしまう場所に。バルコニーのように張り出したデザインがインテリアのアクセントにも。

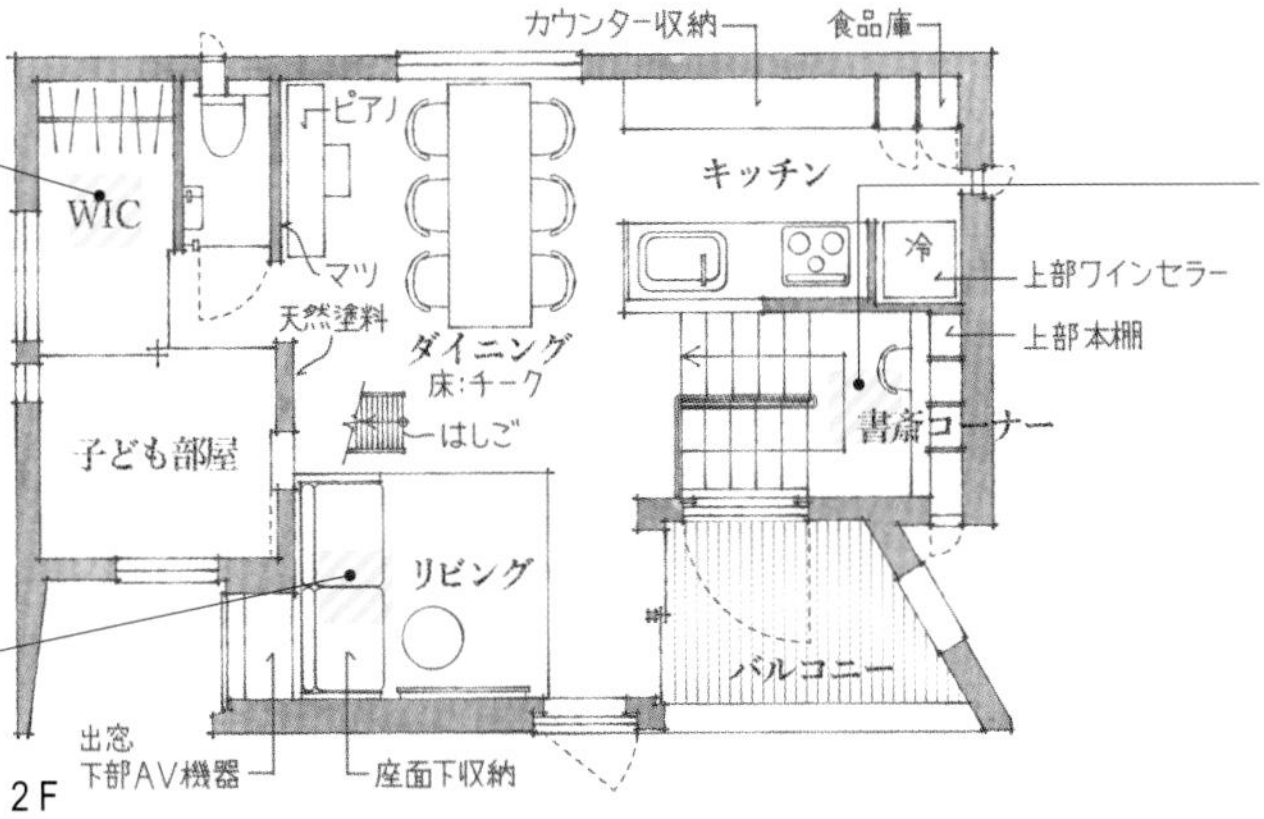

子ども部屋の一部を区切ればクローゼットに。子どものものを集約して収納。今のところ間仕切りを設けず部屋の一部として利用している。

階段踊り場を少し広くして壁面に書棚とデスクを造作。家族みんなが読書やパソコン作業に使える書斎コーナーに仕立てた。

造り付けのソファに収納を組み合わせて。座面下の引き出しにはCDやDVDを入れ、背面の出窓の下に機器を置いている。

ベッドは手放し、畳の寝室で布団のスタイルに。ウォークインクローゼットには衣類だけでなく布団もしまえる。

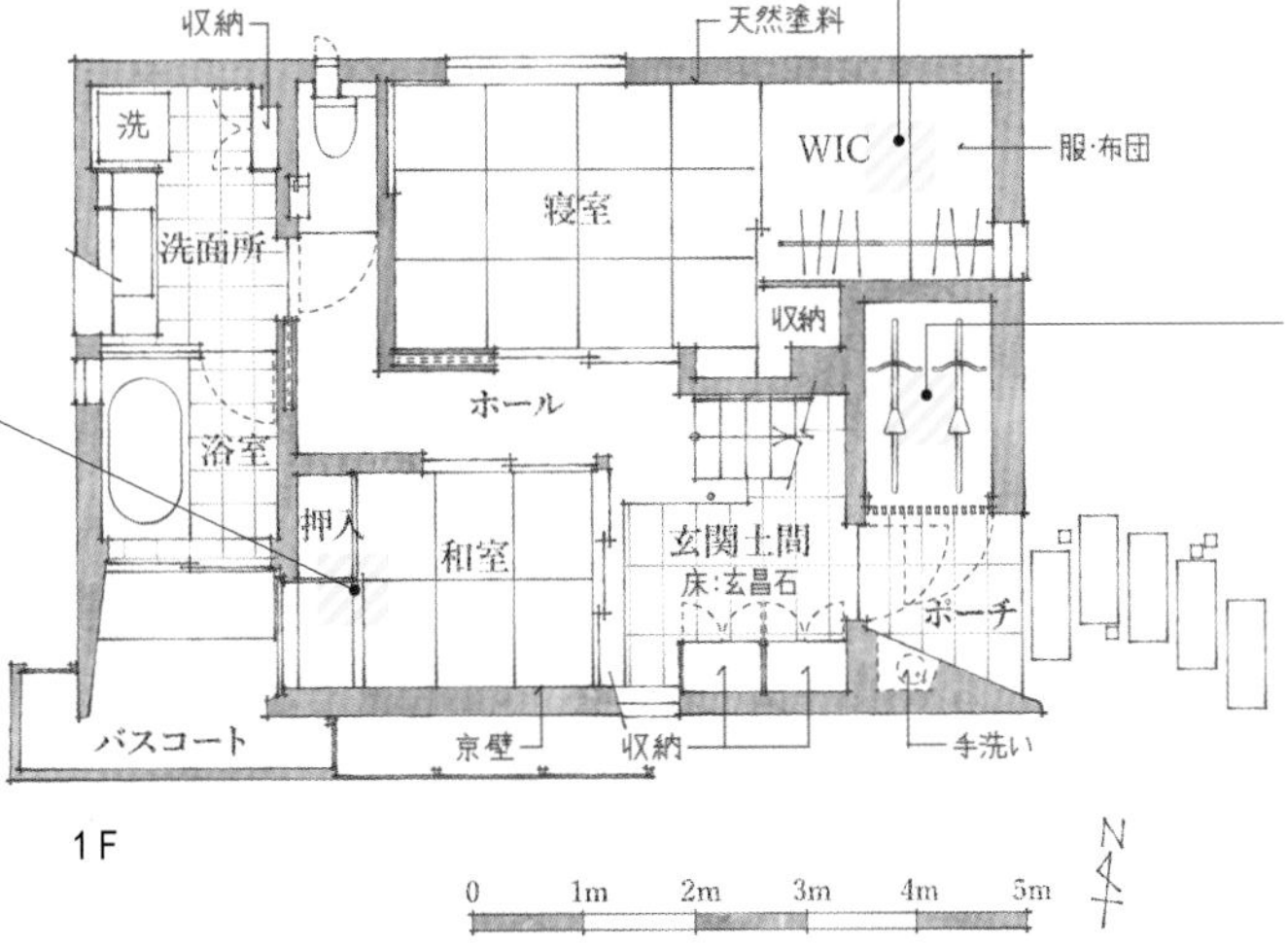

窓辺のデスクを使うときに足を下ろせるよう、床を掘り込んだ。目の前にバスコートの緑が見えてリモートワークにも集中できる。

前庭が広くとれないので、玄関ポーチ横に自転車置き場をビルトイン。中が見えないように格子戸をつけて。外物置としても使用可。

HOW TO

整う住まいのつくり方

「暮らしが整う家」には、設計のコツがある。そこを押さえられれば「良いベース」づくりに一歩近づく。これまでに200軒もの住宅を手掛けてきた建築家・伊礼智さんに、本書に掲載の住宅事例も併せて、全体的な考え方から小さなアイデアまで、そのセオリーをうかがった。

監修　伊礼智

1959年沖縄県生まれ。
'85年東京芸術大学美術学部建築科大学院修了。
'96年伊礼智設計室開設、現在に至る。
天然素材を用いた実用的なデザイン、
居心地のいい空間設計を標榜。建築のみならず、
外構・植栽、置家具までトータルなデザインを手掛ける。

特記以外の写真／奥田正治

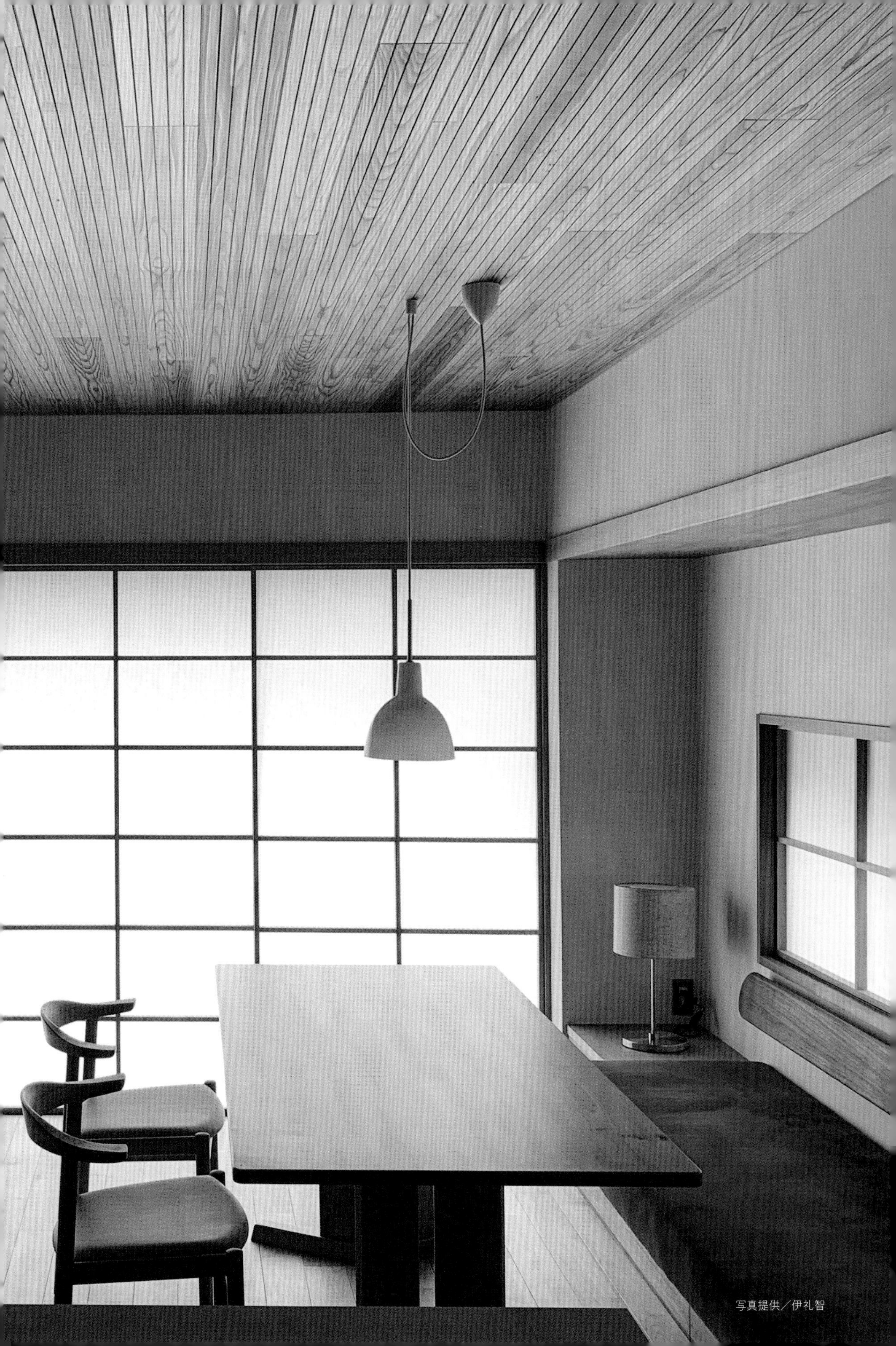

写真提供／伊礼智

HOW TO 01 全体計画

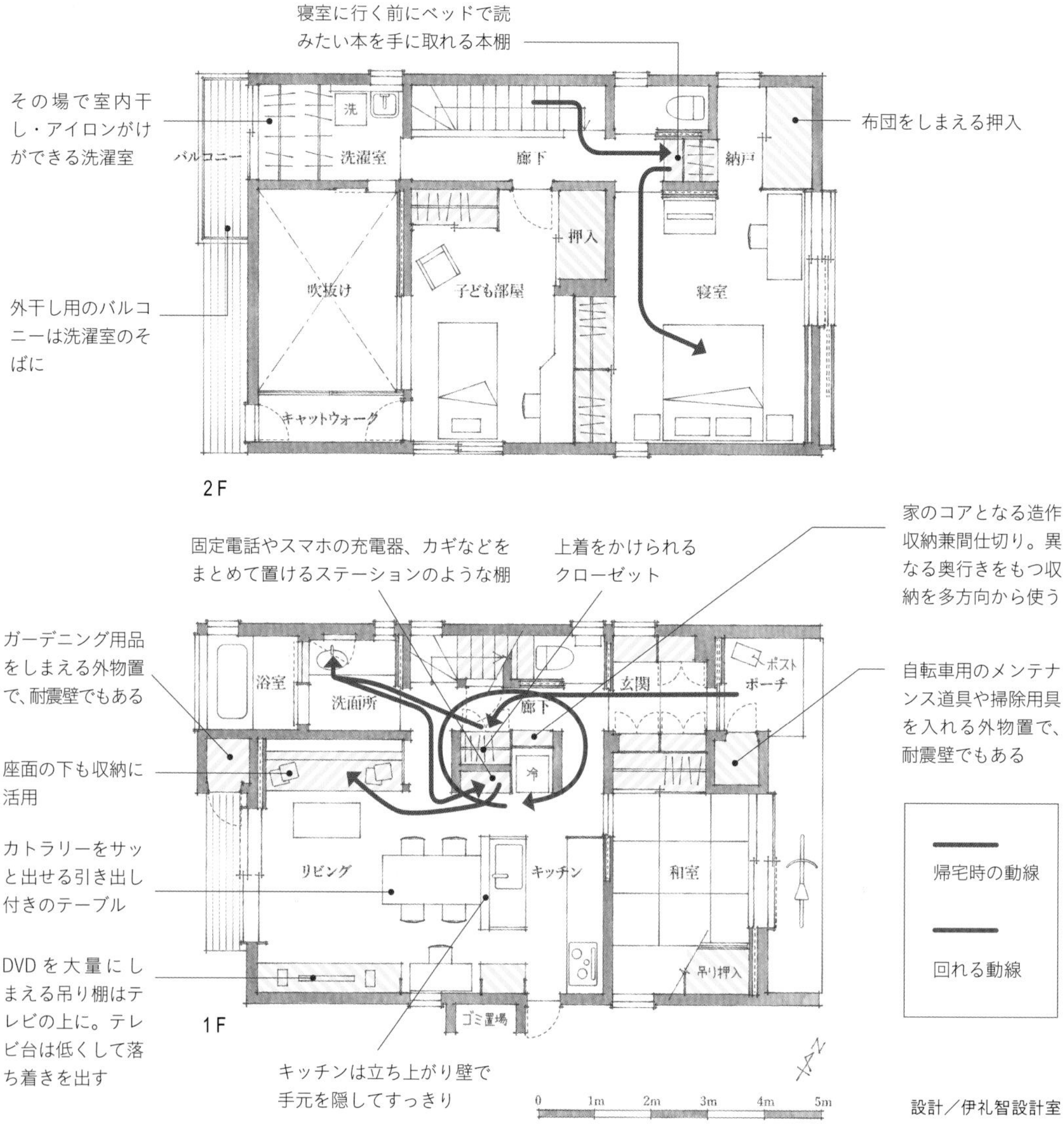

寝室に行く前にベッドで読みたい本を手に取れる本棚
その場で室内干し・アイロンがけができる洗濯室
布団をしまえる押入
外干し用のバルコニーは洗濯室のそばに
バルコニー
洗
洗濯室
廊下
納戸
押入
吹抜け
子ども部屋
寝室
キャットウォーク
2F
固定電話やスマホの充電器、カギなどをまとめて置けるステーションのような棚
上着をかけられるクローゼット
家のコアとなる造作収納兼間仕切り。異なる奥行きをもつ収納を多方向から使う
ガーデニング用品をしまえる外物置で、耐震壁でもある
自転車用のメンテナンス道具や掃除用具を入れる外物置で、耐震壁でもある
座面の下も収納に活用
カトラリーをサッと出せる引き出し付きのテーブル
DVDを大量にしまえる吊り棚はテレビの上に。テレビ台は低くして落ち着きを出す
キッチンは立ち上がり壁で手元を隠してすっきり
浴室
洗面所
廊下
玄関
ポスト
ポーチ
冷
リビング
キッチン
和室
吊り押入
ゴミ置場
1F
帰宅時の動線
回れる動線
0
1m
2m
3m
4m
5m

設計／伊礼智設計室

収納は動線と一体で考え インテリアの一部としてデザインする

住宅の設計とは動線計画であり、その先々に心地よい居場所をつくること。収納は、「ものは使う場所で納める」を基本に、動線に沿って用意します。また、収納は場所を分ける装置として機能させることもできます。

収納をインテリアデザインの一部と見なすことも、美しい空間づくりには必須。まず、隠す収納と見せる収納を大きく仕分けるところから始めます。そして、隠す収納で使いやすさを優先したいときは引き戸、凸凹のない見た目の美しさを優先するときは開き扉、と使い分けます。

オーディオ機器をTVボード下に収納し、大量のCDやDVDなどのソフトは、吊り棚に収納できるよう計画した。設計／伊礼智設計室

「壁面を残す＋重心低め」で居心地のよい空間をつくる

収納ばかりに囲まれて暮らすことは、必ずしも居心地が良いとはいえず、部屋に何もない壁面があることも大切です。壁面に収納が必要な場合は、全面を収納にせず、高さ方向に3分割して真ん中に壁面を残します。吊り収納は大きいと圧迫感につながるので、奥行きを浅めにするなどしてボリューム感を抑えて。下段はカウンターを長くして水平ラインを出し、特にリビングではカウンターの高さも抑えて空間の重心を低めにすると、落ち着きのある空間になります。

多方向から使える棚＋回遊動線で動きが効率的に

写真左に見えている造作収納が、右頁平面図の1階中央部。扉表面はフラットでも、2種類の奥行きをもつ。設計／伊礼智設計室

二方向、三方向から使える家具で仕切り、周囲に回れる動線をつくると動きもスムーズになり、収納も使いやすくなります。深い押入れをひとつつくるより、同じ面積でもいろいろな奥行きをもついくつかの収納に分割すれば、空間を立体的に無駄なく使え、用途に合わせた使い分けもできます。右頁の図面では1階中央部分がそれにあたり、冷蔵庫置場の廊下側は奥行きの浅い棚に、ダイニング側の浅い棚の廊下側はクローゼットになっています。

収納とわからないようにつくると、すっきり見える

部屋に収納の扉がずらりと並ぶと、圧迫感につながってしまうことがあります。そこで、デザインや仕上げのコントロールで、なるべく目立たないようにすることがおすすめです。そのためには、扉にモールディングなどの装飾をつけず、フラットにして隠し蝶番を使います。壁と同じ素材や色で表面を仕上げ、面をそろえればまわりに溶け込みます。取っ手はなるべくシンプルなものにするか、取っ手不要のプッシュプル式を採用するといいでしょう。

キッチン収納の扉を白で統一して、漆喰の白壁になじませた。吊り戸の取っ手は見せず換気扇も内蔵。設計／水野純也建築設計事務所

収納家具を建築と一体化すると掃除がラクで広く見える

収納のための置き家具が多いと、視覚的な要素が過密になって雑多な印象につながります。とはいえ収納が少ないとものが部屋にあふれてしまうので、収納家具はできるだけ建築と一体化した造り付け（造作）にします。建築空間とのトータルなデザインができるので統一感が出て、家具による圧迫感がない分、広く感じられます。また、家具と壁が隙間なくぴったり収まるので、隙間の掃除などの手間も省けます。

リノベーションで木製建具を新設した窓まわりとあわせて、白い造作家具をデザインし統一感を出した。設計／服部信康建築設計事務所

見せる棚と隠す棚の使い分けで、空間に彩りを

収納術に自信のない人は、とにかく扉で隠せるようにしたいと思いがちですが、隠す収納ばかりだと部屋が無表情になってしまうことも。そこで、部分的に飾れるスペースをつくっておくと、和らいだ雰囲気を出せます。飾る自信がない場合は、ほんの一部開けるだけでも効果は出せます。オープン棚を整った状態を保つには、置くのは気に入りの本や装飾品に限り、雑然として見える実用品は避けること。飾るものの数も少なめにして余白を残すと、きれいに見えます。

扉付きの棚とオープン棚を組み合わせたリビング収納の例。エアコンも棚の中に組み入れすっきり見せる。設計／アンドウ・アトリエ

間仕切りと収納を兼ね合わせるスペースの有効利用

広さが十分でない住宅の場合、間仕切り壁の手前に収納家具を置く、という一般的なやり方では部屋が狭くなってしまいます。そこで、造作の収納家具で間仕切りを兼ねれば、スペースを節約することが可能に。写真は子ども部屋を収納家具で二部屋に区切った例です。10畳程度の部屋でも、子ども部屋としては十分な二部屋分のスペースを取ることができます。廊下と部屋の間を収納家具にするのも有効で、両面から奥行きを按分して使いやすい収納をつくることができます。

10 畳の子ども部屋を、デスク・本棚・洋服掛けを組み合わせた家具で間仕切りして 2 分割。設計・写真提供／伊礼智設計室

ダイニングの横に設けたステーションのような棚。家族は帰ってくるとここにキーを置き、スマートフォンを充電。設計／伊礼智設計室

ステーションのような棚が家の中心にあると便利

ダイニングやリビングなど、家族が長く過ごす場所・頻繁に通る場所の近くに、家族で共有できるステーション的な収納場所を設けると便利です。ここを、使用頻度の高い細かなもの、例えば、キー類、固定電話やスマートフォンの充電器、インターフォンの受話器、文房具などを集積できる場所に指定します。また、家族共有の書類用ファイルボックスのスペースもあると、探す手間が省けます。郵便物の振り分けと処分を行えるような仕組みがあれば、部屋が散らかりにくくなります。

テーブルとベンチ、サイドボードなどをトータルにデザイン。木目や色合い、フォルムを建築空間に合わせて。設計・写真提供／伊礼智設計室

置き家具も建築と同時にデザインすると統一感が出る

置き家具は、素材選びや高さの調整などによって空間の印象を左右する重要なものです。造り付けの家具だけではなく、置き家具も空間設計と同時にデザインすることで、統一感が高まります。住まい手が家具のセレクトに自信がない場合、設計士によっては家具デザインを依頼することも可能です。設計士がそこまでやらない場合も、どんな家具がその部屋に合うのかアドバイスを求め、相談して決めることをおすすめします。

格子網戸の太めの格子は、漏れ出る光がきれいに見えるよう計算された寸法。木の質感と陰影を同時に楽しめる。設計・写真提供／伊礼智設計室

見栄えのポイントとなる窓はできるだけ木製に

見栄えのよさは複合サッシより木製サッシの方が勝りますが、すべての開口部に木製サッシを用いるとコストが跳ね上がるという問題があります。そこで、室内景観のなかで一番メインになる場所にだけ木製サッシを用いるだけでも、かなり印象が良くなります。また、写真はリビングの窓の例ですが、手前の大きな開口部ははめ殺しで、奥は既成の複合サッシ。内側に木製の格子網戸をつけることで、無骨さを隠すというやり方です。

借景を取り入れるためのダイニングの窓は、ガラスのはめ殺しにして木の枠も細くデザインした。設計・写真提供／伊礼智設計室

窓枠・幅木を消すと空間がきれいに見える

室内にある視覚的な情報（余計な線）を限りなく少なくしていくことで、整った印象をつくることができます。そのために注目したいのは、壁と床、壁と天井の継ぎ目や窓まわり。通常壁と天井の継ぎ目には「廻り縁」が、壁と床の継ぎ目には「幅木」が添えてあります。それぞれの部材には意味があるのですが、工夫によってなくすことも可能なので、設計士に相談してみて。窓枠も「隠し框」という手法で見えなくすることが可能で、すっきりした空間をつくる上で有効です。

HOW TO 02 | リビング

収納で囲まずに余白を残すと居心地が良くなる

窓と壁のバランスを考えて設計したリビング。収納をつくらずすっきり見せる場所があっていい。設計・写真提供／伊礼智設計室

リビングは、くつろぐことを第一に考えて空間をデザインしたいものです。置き家具でも造り付けでも、収納に取り囲まれるような空間は息苦しい印象になりがちです。「とにかく収納を多く」ということばかりに気を取られてしまうと、そうなりかねませんが、まとまった壁面（余白）をつくるようにすると、空間に落ち着きが出てリラックスできます。壁面があることで、窓の外の景色も引き立つなど、居心地良さをもたらすさまざまな効果が得られます。

造作家具で目立たないように収納量アップ

リビングは家族が集まる場所ゆえに、多種類のものも集まってしまう宿命があり、収納の確保は必須です。押し入れや一般的な壁面収納のようなまとまった収納がつくれない場合も諦めないで。写真で示した例は、小上がりの床下を収納にしたもの。他にも、ソファの座面下スペースを収納にあてるやり方は、本書掲載の事例にも多数見られるスマートでポピュラーな手法です。利用できるデッドスペースがないか探し、収納化する工夫を重ねてみましょう。

畳敷きの小上がり下部を上から出し入れする方式の収納にあて、使用頻度の少ないものをしまう。設計／マスタープラン

オープンな棚板は
固定すると乱れにくい

写真の棚は１マスの縦横が39cm。背板を木目のきれいな面材にすると、余白の見た目も楽しめる。設計・写真提供／伊礼智設計室

オープン棚をつくる場合、棚柱を用いて棚板の高さを自由に調整できるようにするやり方がありますが、棚板の高さがバラバラだと雑然とした印象になりがちです。そこで、リビングなどメイン空間の飾り棚は、美しい割付けで棚板を固定するのがおすすめ。そうすると、置かれるものが雑多でもある程度整って見える効果があります。実際は、生活の中で棚板を頻繁に動かすことはあまりないので、あらかじめ何を入れるかを検討しておけば、棚板が固定されていても大きな問題は起こりにくいでしょう。

リビングにこそ
バックヤードを充実させたい

リビングをきれいに保てるかどうかは、やはりバックヤードとなる収納場所をしっかり確保できているかどうかが左右します。例えば容量のある納戸をリビングの近くに配置できれば、来客時に見せたくないものの一時置き場にもできる安心感があります。写真のように、リビングに付属した納戸の例は一般的ではないかもしれませんが、納戸の存在が圧迫感を与えないように配置や扉で工夫をすれば、使い勝手は良く、どうしてもものが集まりがちなリビングを片付けやすくなります。

リビングから出入りする納戸。扉はなく、収納ボックスなどを用いて見え方を整えている。壁の裏にテレビの配線も隠した。設計／松原建築計画

HOW TO 03 キッチン

キッチン幅が取れないときは奥行きを深く

キッチンのスペースが狭く、横幅を十分に確保できないケースでは、奥行きを通常より深くすることで作業面積を広くすることができます。通常、キッチンの奥行きは65㎝程度ですが、例に上げた図面では5㎝プラスした70㎝としています。たった5㎝と思うかもしれませんが、作業面積を広げる効果は絶大で、ものもたくさん広げられます。横に大きく移動せず、その場でいろいろとできるのも良いところで、意外に使いやすいキッチンになります。

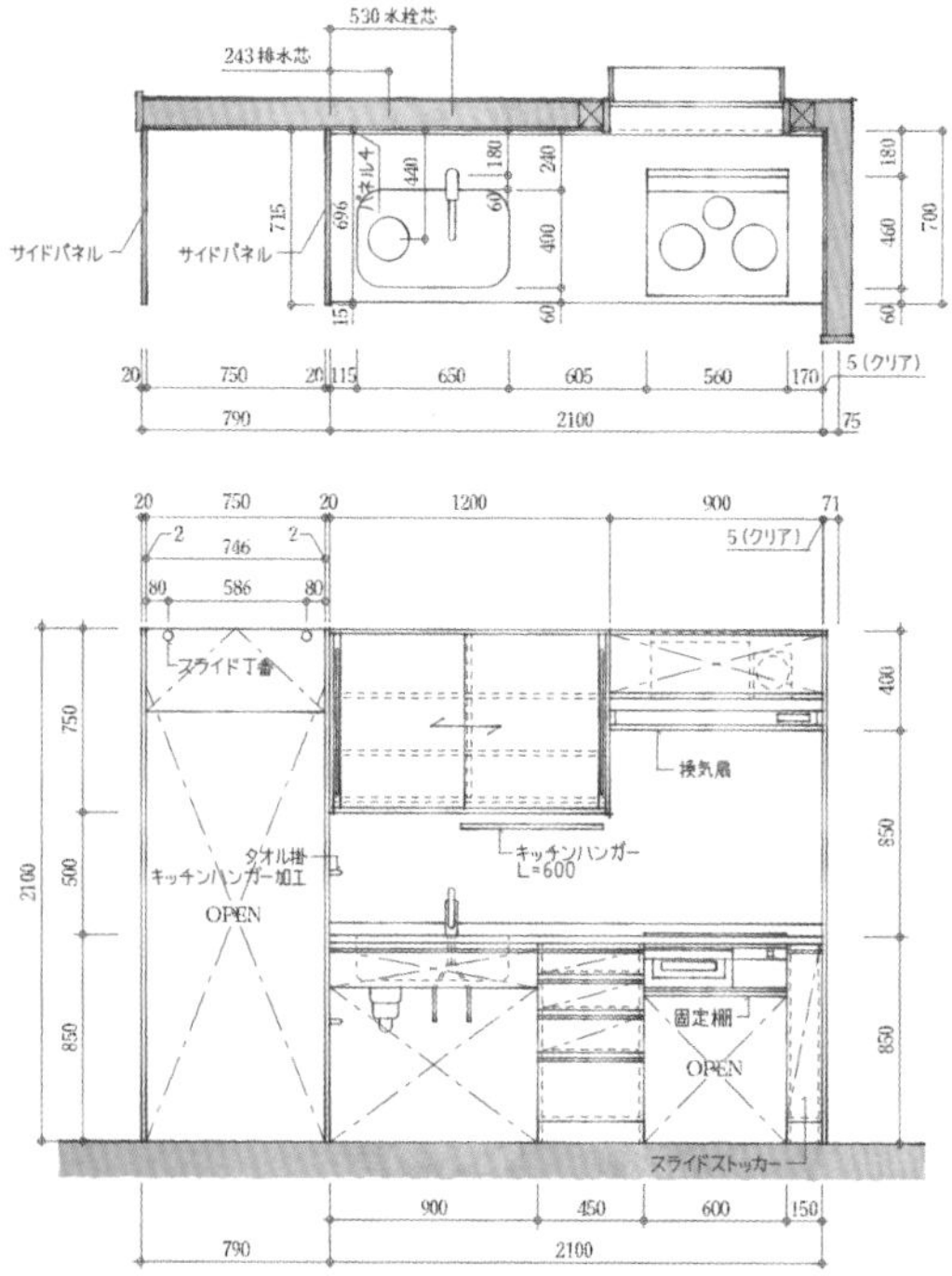

左頁で間取りを示したキッチンの平面図と立面図。シンクとコンロの向こう側に20cmほどのスペースを設けている。設計／伊礼智設計室

吊り棚の高さは頻繁に使う人の背丈に合わせて

吊り棚は、踏み台が必要になるほど位置が高くなると、使うのがおっくうになり無駄になりがち。できるだけ、使用頻度の高い人の背丈に合わせた高さに設定しましょう。また、吊り棚の奥行きが深いと奥のものに手が届きにくくなり、デッドスペースに。しかし、頻繁に使わないものをしまうなど使用法を割り切れば、収納量を増やす上で有効です。無駄を出さないためには、何を入れてどう使うかを、ずっと想定しておきましょう。

使い勝手をよくするため、低めに設定した吊り棚。シンクの上なので、頭が当たらないよう奥行きも浅めに。設計／熊澤安子建築設計室

パントリーは通り抜けできる回遊動線に

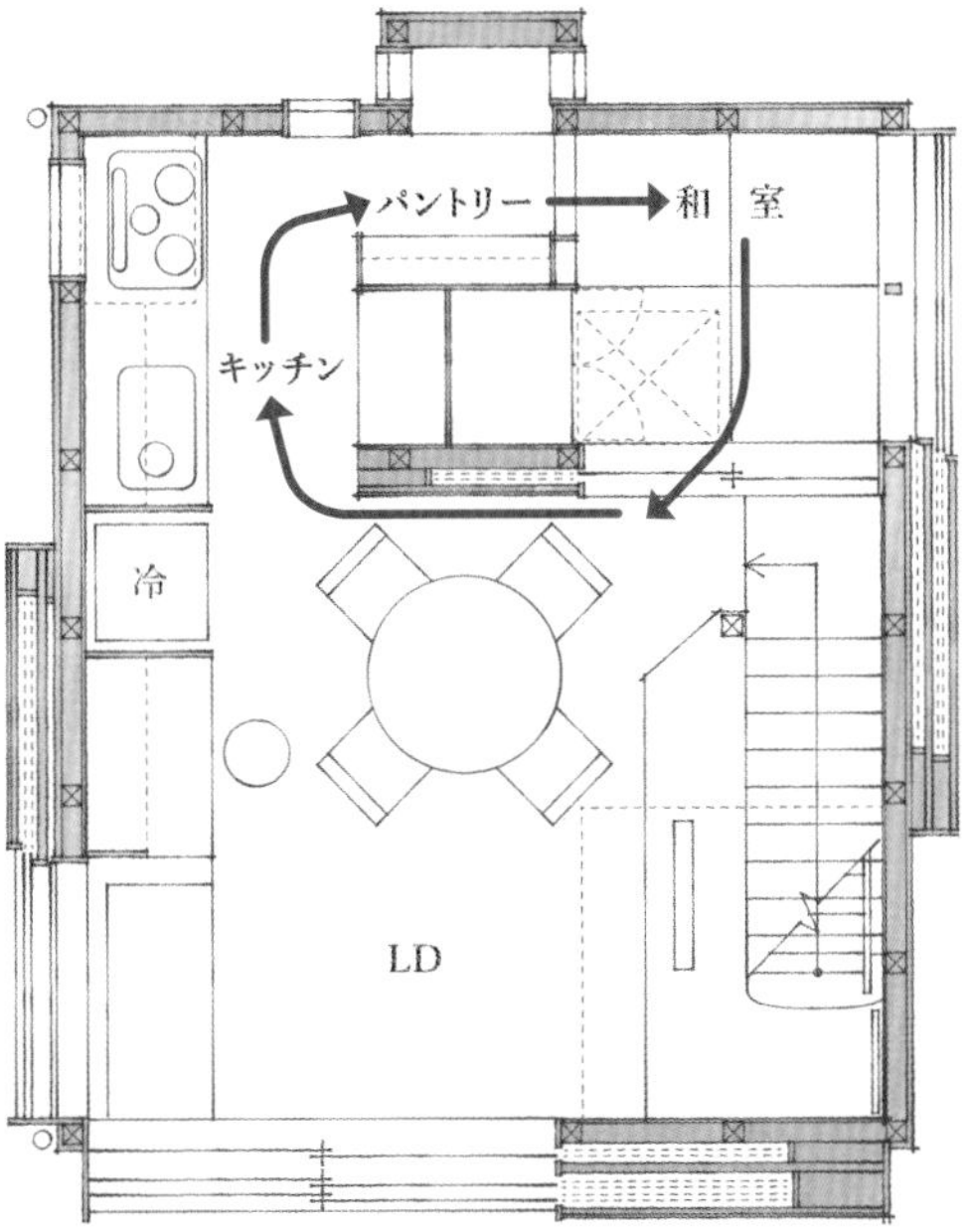

パントリー部分が和室とキッチンとの動線を兼ねることで回遊が可能に。通路幅は55cmと狭いが通り抜けには十分。設計／伊礼智設計室

パントリーは、キッチンにたまりがちな大きな調理用具や食料品のストック、家電などをしまう場所として人気の収納場所です。袋小路につくられるケースが多いですが、特に面積が限られる家では、通り抜けできるようにしておくと複数の動線が生まれて動きがスムーズになります。勝手口を設ければ、ゴミ捨てなどが玄関を通らずできるメリットも。既成の勝手口ドアは不格好な製品が多いので、パントリー内に設けることで人目にさらされずにすみ好都合です。

目立ちやすい家電や冷蔵庫を隠すかどうか

目立ちやすい家電類の扱いは、好みによるところです。使い勝手を優先して露出させるか、棚の中やパントリーに設置して見えにくくするか。キッチンの一番大きな家電である冷蔵庫は、引き戸の中に隠すことも可能です。その場合、調理中に開け閉めが二度手間にならないよう、引き戸を開けっ放しにしておけることが望ましいやり方です。写真の例では、冷蔵庫を引き戸の中に、上部にはエアコンを設置して、どちらも露出させずすっきり見せています。

冷蔵庫がダイニングテーブルのすぐ横にある圧迫感を避けるため、木目の扉で隠した例。上部にはエアコンも内臓されている。設計／永松淳建築事務所

対面キッチンは
立ち上がり壁で手元を隠す

対面キッチンでは、天板をフラットにするケースと、壁を立ち上げて手元を隠すケースがあります。フラットなキッチンでは空間的な連続性が強まり広がりを享受できますが、調理中や調理後の様子がダイニングから見えてしまうので、気になる人もいるでしょう。天板の上やシンクを隠してくれる壁があれば、少々乱雑になっていてもだいじょうぶ。壁の手前に調味料や料理器具を置くこともでき、収納場所が増えることにもなります。

ダイニングから手元が見えないキッチンの例。多少圧迫感は出るので、高さの設定は部屋の広さとのバランスも大事。設計／伊礼智設計室

まわりになじむ家具のような
キッチンに

設備の集合体であるキッチンを、部屋の中でどう位置づけるか。設備のハードさを前面に出し、厨房のような雰囲気を楽しむ方向性と、できるだけ部屋のインテリアに馴染ませる方向性があります。ダイニングキッチンが小さめで、キッチンのすぐそばにダイニングテーブルが置かれるケースでは、後者のように部屋に馴染むキッチンにすると落ち着きが出ます。木質感のある家具のようなつくりのキッチンは、あたたかみがあって視界に入ってきてもくつろいだ雰囲気を壊しません。

右：足元を浮かしてラタンの扉をつけた家具調キッチン。設計／松原建築計画　左：作業台を無垢の木で制作。設計／水野純也建築設計事務所

ものは立てて収納すると取り出しやすい

家具のように丁寧につくられたオリジナルの造作キッチン。立てる収納は、食材のほか大皿などをしまうのに適している。設計／松原建築計画

「立てる」のは収納の基本。もの同士が重ならないので何がどこにあるかがわかりやすく、取り出しやすくなります。収納自体をざっくりつくり、後から適当な収納用品で内部を区切ることもできますが、最初から仕切り板を仕込んでおければきれいです。写真の例は、食材を立ててしまっているケース。元は大きめの平皿の収納が想定されたものかもしれませんが、このような仕切り板があれば応用がききます。(家具デザイン／ホリーウッドバディファニチュア)

鍋やボウルの収納は通気性があると◎

右の写真のように、鍋やボウルをしまう引き出し収納の底をすのこ状にしておくと、常に通気が確保されて湿気がこもらないという良さがあります。大きな調理器具は、洗った後に湿気が残ったまましまうこともあるので、こうしたつくりならカビの心配が軽減されます。また、底板がないことで汚れがたまりにくいので、掃除もラクになるでしょう。左の写真は吊り棚の棚板の一部をすのこ状にしたもので、ふきん掛けとしても便利です。

上：ふきんも掛けられる吊り棚のすのこ。設計／デザインライフ設計室　下：シンク下の引き出し収納の底をすのこに。設計／熊澤安子建築設計室

キッチン背面の吊り棚の扉(引き戸) は、一部だけ透明な素材に。いつも眺めたい気に入りの食器を入れて。設計/マスタープラン

棚の扉が引き戸だと使い勝手がよく安全

収納棚の扉には開き扉と引き戸があります。食器をしまう棚は、引き戸にしておくと地震でも開きにくく安心。調理中には開けっ放しにしたいときがありますが、じゃまにならないのも引き戸の利点です。ただ、開き扉と違い面をフラットにできないので見た目は陰影が加わります。また、レールにたまるホコリが気になる人は開き扉の方がいいかもしれません。開き扉であっても耐震ラッチを使用すれば地震への対応が可能です。

食器は上から出し入れできる引き出しがラク

通常の食器棚では、奥にしまった食器を取り出すのが面倒なときがありますが、引き出し収納なら一番奥のものも上から出し入れできるのでとてもラクです。全部引き出せば、しまってあるものをひと目で見渡せるのも利点。小さい器は浅い引き出しに、大皿は深い引き出しに立てると効率的に収められます。引き出しの深さはしまうものが何かを考えながら設定するといいでしょう。焼き物は重量があるので、引き出し用スライドレールはしっかりしたものを選びましょう。

キッチン中央に設けた作業台の下を引き出し収納にした例。引き出しなら奥のものも取り出しやすい。設計/佐藤・布施建築事務所

スポンジ、洗剤、水切りカゴの隠れ家

スポンジ、洗剤、水切りカゴなど、必需品で一番生活感が出やすい小物類が、キッチンシンクまわりに集中して置かれます。気になる人は、できるだけ目立たせず置ける方法を考えておくといいでしょう。下の写真は、洗剤の置き場所をシンクの縁より低くつくった例。上の写真は、キッチンの奥行きを深くして、シンクの向こうに水切りカゴをセットできるようにした例です。こうしたことは、既成品ではなく、オリジナルの造作キッチンだからこそできることです。

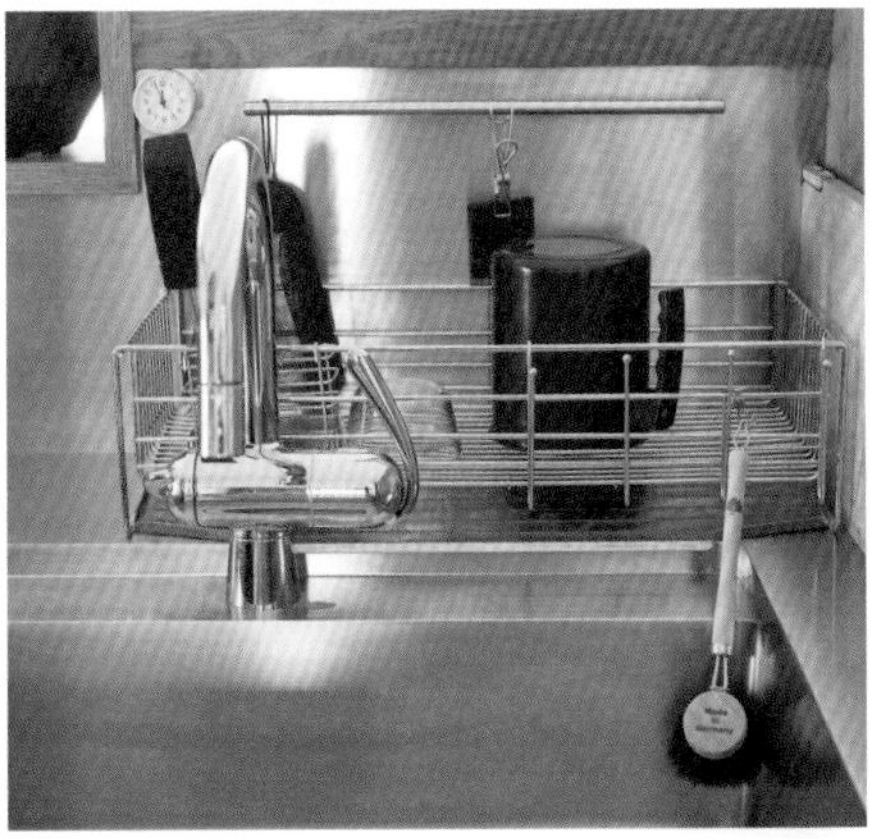

上：シンク奥のスペースを深くして水切りカゴを設置。設計／服部信康建築設計事務所　下：シンクの一部を凹ませて洗剤置き場に。設計／水野純也建築設計事務所

きれいに収まるゴミ箱の定位置をつくる

自治体の分別により複数になるゴミ箱の置き場所は、思案のしどころ。設計段階で想定しておかないと、キッチンや食器棚の手前に置くことになり、動線が妨げられ見た目もすっきりしません。使いたいゴミ箱が決まっているなら、サイズを図ってゴミ箱専用スペースの確保を。シンク下をフリーにして、後からゴミ箱を当てはめるのもありですが、必要な数のゴミ箱がすべて収まらないとき、後からスペースを増やすのは難しくなります。パントリー内や勝手口の外にゴミ箱スペースをつくるケースもあります。

パントリーにゴミ箱の設置場所を設けた例。先に使用するゴミ箱を決めておくとぴったりに設計できる。設計／松原建築計画

HOW TO 04 ダイニング

ダイニングテーブルに引き出しがあるといい

引き出し付きのダイニングテーブルは、部屋に合わせたオリジナルデザイン。座ったとき膝が当たらない寸法。設計／伊礼智設計室

質のいい市販のダイニングテーブルを探して購入するのもいいですが、部屋に合わせて制作するのもおすすめです。その際、取り入れてみてほしいのが天板の下に浅い引き出しをつけること。テーブルの上で使うカトラリー類やコースター、ランチョンマットなどの小物をしまっておくのに重宝します。食事中に座ったままカトラリーを取り出すこともでき、とても便利。キッチンの収納量を補完することにもなります。

そばにあると便利なデスクコーナー

キッチンの背面カウンターから連続するダイニング横のデスク。テーブル上のものをちょっと避けておく場所としても使える。設計／マスタープラン

ダイニングテーブルで書物やパソコン、読書など食事以外のことをすると、ついものが溜まりがち。食事をゆったりした気分でとるためには、テーブルの上はいつでもすっきりさせておきたいものです。そこで、ダイニングの横にちょっとしたデスクコーナーを設けておくと便利。結局デスクでは作業をしなくなるケースも多いようですが、書類や雑貨などを整理できる補助デスクとして使うだけでも、大きく違ってくるでしょう。

キャビネットも造作にすると統一感が出せる

ダイニングテーブル横にキャビネットを造作。食事中にグラスなどを取り出すのも簡単。設計／伊礼智設計室

食器棚やサイドボード、飾り棚などの家具は、特に気に入っているものや大切にしているものがない場合は、部屋の内装に合わせて造り付けにすると、トータルにデザインされた空間をつくれます。家具選びに悩む必要もなし。壁にぴったり固定する造作家具には、置き家具につきものの裏側の掃除の手間もなく、地震で倒れてくる不安も解消されます。工事金額は上がりますが、家具購入の予算を回す、と考えてみてください。

HOW TO 05 クローゼット、押し入れ

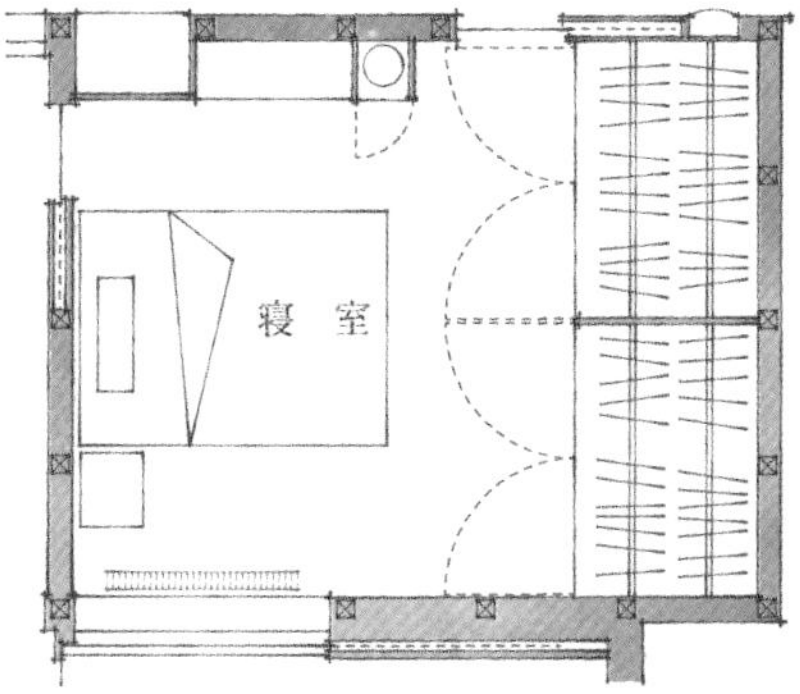

寝室に奥行き1.1mのクローゼットを設けた例。開き扉にすると、大きく開けられるので奥のものを取り出しやすい。設計／伊礼智設計室

服を前後2列でしまえる奥行き1.1mの収納が便利

服を大量に持っている人におすすめなのが、ハンガーパイプを前後に設けた、奥行きの深いクローゼットです。衣替えは、前後の服を入れ替えるだけ。図面で示した例は、奥行き1.1mのクローゼット。一般的なものより50cmほど深くなっています。もちろん一列横並びでしまえる方が使いやすさは上なのですが、それができないときのアクロバティックな一手法として、アイデアのストックにしてください。

クローゼットとは別に寝室に設けた押し入れ。ベッド利用で敷き布団がないなら横幅は狭くてもだいじょうぶ。設計／松原建築計画

布団の収納場所を忘れずに計画する

布団はかさばるものだけに、季節外の布団や来客用の布団がどの程度あり、どこにしまうのか、設計段階で把握して計画しておくといいでしょう。昔ながらの押し入れでは、敷布団の横幅に合わず、きれいに収まらない場合があるので注意が必要です。三つ折りの敷布団がすんなり収まるには横幅1.2m以上が理想。奥行きは、敷布団を四つ折りにすれば60cm程度でもギリギリ収まります。

家事室から寝室へ通り抜けができるウォークスルークローゼットは、通気性の点でも優れている。設計／松原建築計画

通り抜けられるクローゼットや納戸は整えやすい

クローゼットや納戸は「何でも押し込む」場所になりがち。いつの間にか足元からものが積み上がり、どこに何があるのかわかりにくい状態に。そこで、通り抜けられるようにしておくのも一案です。両側から出入りでき、動線に袋小路がない状態にします。中を歩くことで、足元にものを置かずきちんと整理するようになるという副次的な効果も期待できます。内部に照明を設置するのも忘れずに。

HOW TO 06 玄関、外まわり

玄関ポーチ横に配置された外物置は、木の扉で板張りの外装にさりげなく溶け込ませている。設計／伊礼智設計室

外物置や自転車置場を建物と一体に考える

外物置は、忘れがちだけどあった方がいいもののひとつ。外用の掃除用具、スペアのタイヤやカー用品、脚立、子どもの外遊び用のおもちゃ、自転車のメンテナンス用品など、外まわりの道具は思っているよりかさばるものです。設計当初から間取りの中に組み込んでおくことが大事。せっかくいい家ができても、後で据え置き型の物置を置いてしまうと、一気に洗練されたイメージが薄れてしまい、残念至極。トータルにデザインできる注文住宅のメリットを生かしたいものです。

収納量を考慮して奥行きを深くしたシューズクローク。玄関土間から出入りすることで、外で用いる道具も出し入れしやすく。設計／松原建築計画

外物置が難しければ広いシューズクロークを

面積が限られていて外物置を建物に組み込むことが難しい場合には、シューズクロークを外物置と兼用することを考えてみては。少し広めにつくって高さを自由に変えられるオープン棚を設置すれば、靴以外にもさまざまなものをしまうことができて便利です。土埃の付いたものでも、土足スペースなら気にせずしまえるのがいいところ。多少玄関が狭くなったとしても、ものの露出のないすっきりした状態を保てれば、気持ちよく使うことができるのではないでしょうか。

スマートにしまいたい「傘」

土間の広さを十分にとれない玄関では、傘の収納として傘立てを置くと、その分床面積を圧迫し、見た目にも異物感が出てしまうことがあります。そこで、靴収納の中に傘の収納を組み入れるのがおすすめです。写真の例では、収納内部に傘を引っ掛けるためのパイプを取り付けました。傘から雨水が滴る場合も想定して、底板を切り欠いてあります。通気も確保されるので、多少の湿りが残っている程度なら不安なくしまうことができます。

傘はデザインが多様なので雑然としがち。扉の中に収めれば玄関がすっきりした印象に。設計／伊礼智設計室

洗濯物を干す場所の計画は慎重に

洗濯物を吊るして干す場合、その場所をあらかじめ考えておく必要があります。室内干しでは、リビングなどのくつろぐ場所から見える位置は好ましくありません。外干しでは、周囲から丸見えの場所は避けたいものです。写真の例では、洗面所隣のバスコートを兼ねるバルコニーが壁とルーバーで囲まれており、洗濯物が雨に濡れず外から見えにくいので外観を乱しません。室内干しの場合も、できれば部屋や通路といった居住空間以外に専用スペースを確保したいものです。

ルーバーの目隠しは通風を妨げないので、洗濯物干し場に最適。万一取り込み損ねても、周囲への気兼ねが不要。設計／松原建築計画

洗面台下の収納は床から浮かせると広く見える

洗面台の下に扉付きの収納をつくることが多いですが、床までめいっぱいにつくるのではなく、足元を少し空けて浮かせるようにすると、床が奥までつながっているのが見え、広く感じられます。また、使用時に足先を洗面台下に入れられるので、顔を洗うときなどの姿勢がラクに保てるのも利点です。洗面台の下はこもりがちな湿気が気になる場所でもあります。オープンにしておくと通気が確保される上に掃除もしやすくなり、カビなどの不安が軽減されます。

右：収納の底板を一部すのこにして通気性を確保。左：洗面台下の収納は少し奥に引っ込めて設置。下はフリーに。設計／熊澤安子建築設計室

ミラー一体型、壁厚を利用して棚で収納量を稼ぐ

洗面所で使う化粧品や道具などはどれもサイズが小さく、パッケージの色柄もバラバラ。そうしたものがきちんと整理でき、出し入れしやすいのは、奥行きの浅い棚です。洗面台の上に、ミラーと一体型の収納を付けるのはポピュラーな方法。造作で建築との統一感を出すのが理想ですが、市販品でシンプルなデザインのものを選ぶのも一案です。壁の厚みを利用した浅い棚でも細かいものを置くには十分で、かなりの収納量を稼ぐことができます。

写真の棚のサイズは縦78.7cm×横90cm、奥行き12.8cm。ミラーの左横にオープン棚がある。設計／伊礼智設計室

洗濯機を隠すと洗面所の居心地がアップ

洗濯のための専用スペースを取れれば理想的ですが、現実には洗面・脱衣所に洗濯機を置くケースが一般的。昨今の洗濯機はサイズが大きく、丸みを帯びたデザインのものも多く見受けられ、圧迫感があります。洗顔や歯磨き、化粧などの身繕いをする洗面所は、居心地を良くしておきたいもの。そこで、洗濯機置場に扉を設け、見えなくすると見た目がすっきりします。洗剤や洗濯ネット、ハンガーなどをまとめてしまえる収納を兼ねるといいでしょう。

洗濯機を扉の中に設置した例。洗剤・タオルなどもすべて見えないようにしまうことができる。設計／アンドウ・アトリエ

洗濯物を干す場所とクローゼットを近くに

洗濯物を完全に室内干しにする人が増えています。廊下やリビング、階段上などに吊るすと生活感が出てしまうので、専用スペースはぜひつくっておきたいもの。洗濯機を設置する場所を少し広げて、その場に干せるようにすると手間の削減に。さらにクローゼットを隣接させればハンガーで乾いた衣類をそのままクローゼット内に掛け直すだけで完了します。クローゼットを家族共有のファミリークローゼットにすると、すべての衣類の収納が一カ所で完結するのでより効率的です。

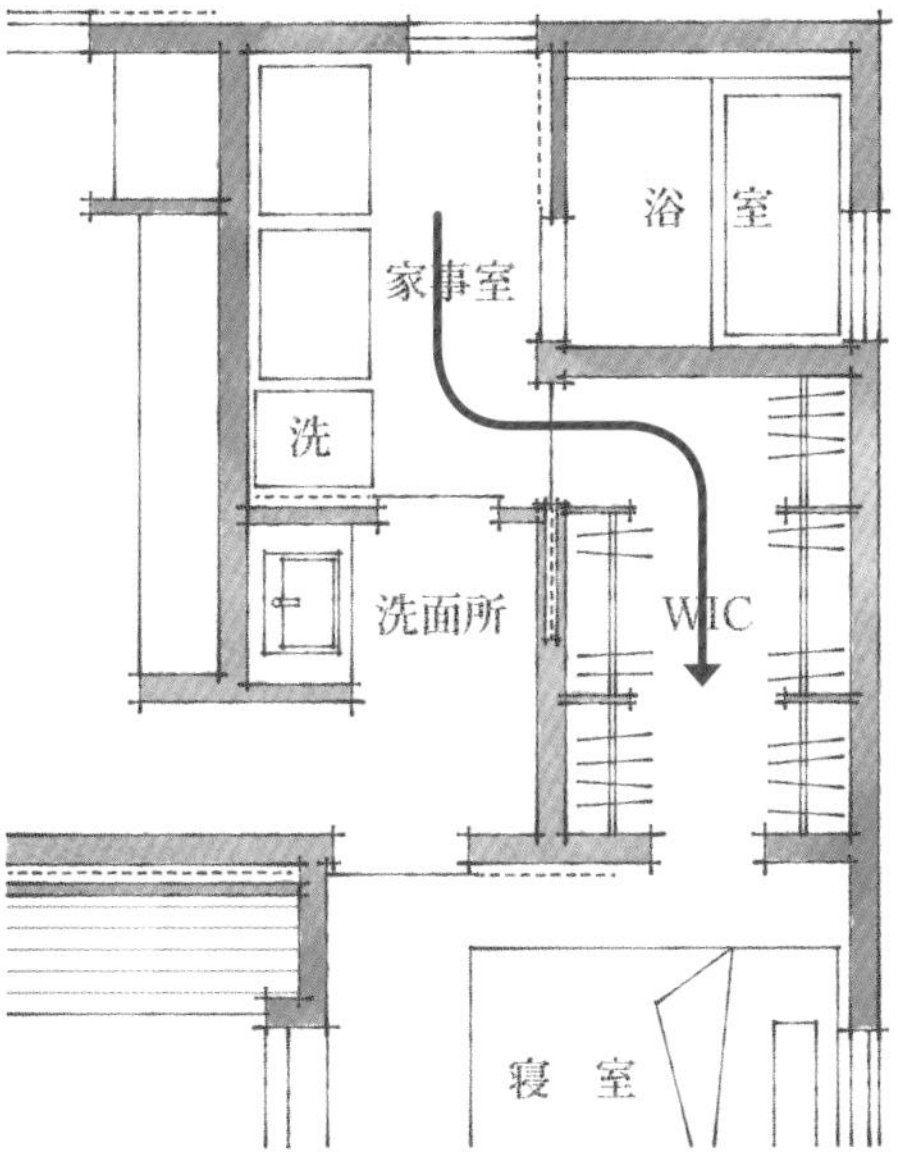

室内干しができる家事室と、クローゼットを隣り合わせに配置した間取り。設計／松原建築計画

HOW TO 08 | 廊下

廊下の棚を靴入れとして活用し、その分ベビーカーを置けるように玄関の土間を広く。設計／スモールデザインスタジオ

廊下は省スペースで収納場所を増やせる

間取りの都合で部屋の中に収納をつくれない場合や、リビングなどでまとまった壁を残しておきたい場合、その近くの廊下沿いにつくれないかを検討してみて。廊下の広い壁面を収納に利用すれば、収量を確保することが可能です。奥行きが30〜45㎝程度の浅い収納なら、内部に手前と奥ができず入っているものがひと目でわかり、取り出しもスムーズ。90㎝程度の奥行き深い収納なら大物もしまえて便利。ただ、部屋で頻繁に使うものの収納には不向きかもしれません。

廊下沿いの収納は扉を壁に同化させる

廊下は収納量を増やしやすい場所ですが、装飾のある扉がずらりと並ぶと幅の狭い空間に圧迫感が出てしまいます。そこで、扉は装飾のない平板なものにして、まわりの壁と同じ仕上げにすると目立ちません。枠のないデザインにすれば、いっそう溶け込んで存在感を消去することができます。取っ手もシンプルで目立たないものにするか、取っ手がなく押して開けるプッシュプル式に。プッシュプル式は扉に直接指を触れることになるので、経年で汚れがつきます。白い面材の場合は注意が必要です。

枠なしの扉にして、取っ手も小さなツマミにした階段下収納。掃除用具などを入れるのに適している。設計／水野純也建築設計事務所

HOW TO 09 子ども部屋

可動できる家具で間仕切りした子ども部屋。左手前は隣の部屋から使う洋服掛けになっている。設計／マスタープラン

子ども部屋は移動できる造作家具で仕切って

子ども部屋は、大きめの一室をつくり移動できる家具（本棚やデスク、クローゼットを組み合わせる）を用意しておくと、変化への対応が可能に。子どもが増えれば家具を間仕切りとして二部屋に区切ります。間仕切りと収納を兼ねることで、10畳程度でも二人分のスペースが取れます。子ども部屋としての役割を終えたら壁際に移動し、共有の書斎や妻や夫の個室などへの用途変更を。デザインやカラーリングをプレーンにしておくと、用途変更による違和感が起こりません。

組み換えできる家具で変化に合わせる

子どもの持ち物は、年齢とともに目まぐるしく入れ替わっていきます。そのたびに家具を買い換えるのは無駄なので、組み換えのできるユニット家具を利用するのも一案です。つくりを箱型などのシンプルなものにすれば、その時の生活に合わせたカスタマイズの幅が広がります。成長した子どもが自分なりにアレンジする楽しみも。また、無垢の木材などしっかりした素材でつくれば、経年による味わいと愛着が生まれ、大切に使い続けることができるでしょう。

机や椅子としても使える木の箱を複数用意して、リビングの一角に子どものコーナーをつくった例。設計／スモールデザインスタジオ

HOW TO 10 スイッチ、家電

分電盤を跳ね上げ式の扉で、エアコンをルーバーで隠せば、リビングの雰囲気を壊さず設置できる。設計／熊澤安子建築設計室

エアコンが目立たないよう処理する

近年のエアコンはどんどん多機能・パワフルになり、サイズも大きくなってきています。そのため、すっきりした部屋の中ではありがたくない存在感を発揮してしまうことも。造作家具の中に組み込むなどして、目立たなくできれば理想的です。その際に気をつけたいのは、送風やセンサーなどの機能を阻害しないような設計にすること。エアコンの手前にガラリ戸(ルーバー)をつけて目隠しするのも有効ですが、同じく注意が必要になります。使用時以外は引き戸などの扉で隠すという方法もあります。

コンセント・スイッチの配置までデザインする

ソファの背もたれを外すとちょっとした収納に。中にスタンドライト用の電源やスピーカーの配線がありコードが露出しない。設計／伊礼智設計室

コンセントやスイッチはたくさんあると便利なものですが、取り付ける位置によっては目障りに。抜き差しを頻ぱんに行わない照明器具などのコンセントは、棚の内部に設ける方法もあります。配線類の露出も目立つので、できるだけ見えないようにしたいもの。壁の内部や天井裏・床下に配線するとすっきりしますが、設計時から計画しておくことが必要。また、照明のスイッチプレートの設置場所を間違うと暮らしにくくなることもあるので、行動に沿った場所にあるか、設計時にチェックしましょう。

分電盤やWi-Fi、コントロールパネルは密やかに

分電盤やWi-Fi機器などは、目立たない場所に設置したいもの。室内に露出させず、納戸や収納棚の内部に設置するのも一案です。コントロールパネルも、無造作に付けてしまうと悪目立ちをして室内の景観を乱す原因になりかねません。パネルが複数並ぶ場合は、高さや間隔をそろえて取り付けるのが望ましいやり方です。そのためには、施工者に指示するため、設計図にミリ単位で指定する必要があります。もちろん見栄えだけでなく、使い勝手が大事であることは言うまでもありません。

右：床下エアコンをルーバーで目隠しした例。設計／伊礼智設計室
左：コントロールパネルはパントリー一カ所に集合させて。設計／アンドウ・アトリエ

コンセントは適切な場所に、多めに用意する

コンセントがほしい場所になかった、という家づくりの失敗談はけっして珍しいものではありません。どこでどんな機器を使用するのか、行動を想像しながら検討したいものです。たとえば、リビングにフロアライトを置く場合には、床専用のコンセントを用意する、ダイニングで調理家電を使用する場合は、そのそばに設けるなど、ライフスタイルによって必要な場所は変わります。足りなければコードが長くなり、スマートではありません。後悔のないよう、しっかり検討しましょう。

掃除用具置き場の内部にコンセントを設置したので、しまいながら充電ができる。設計／佐藤・布施建築事務所

設計事務所一覧（掲載順）

1. S邸

p.6-17

熊澤安子建築設計室

熊澤安子

〒168-0081
東京都杉並区宮前3丁目17-10
03-3247-6017
https://www.yasukokumazawa.com

2. 鈴木邸

p.18-31

水野純也建築設計事務所

水野純也

〒177-0045
東京都練馬区石神井台8-20-8
03-3928-1314
https://mizuno-aa.com

3. 浅山邸

p.32-41

Small Design Studio

大内久美子

〒156-0044
東京都世田谷区赤堤5-7-9-302
03-6884-5717
https://www.small-design-studio.com

4. 藤沼邸

p.42-53

アンドウ・アトリエ

安藤和浩、田野惠利

〒351-0113
埼玉県和光市中央2-4-3 405
048-463-9132
https://aaando.net

5. 荒川邸

p.54-65

佐藤・布施建築事務所

佐藤哲也 、布施木綿子

〒180-0005
東京都武蔵野市御殿山1-7-12
井の頭マンション601
0422-48-2470
http://satofuse-arch.com

6. H邸

p.66-77

服部信康建築設計事務所

服部信康

〒480-0202
愛知県西春日井郡豊山町
豊場下戸40-1 サキビル2F
0568-28-1408
http://ou-chi.in

7. 11. 林邸、近藤邸

p.78-89　p.122-133

松原建築計画

上から林邸、近藤邸

松原知己

〒463-0001
愛知県名古屋市守山区
上志段味羽根 476 番地
052-700-6911
https://matsubara-architect.com/

8. H 邸

p.90-99

永松淳建築事務所

永松 淳

〒168-0072
東京都杉並区高井戸東 2-23-6
03-6795-7211
http://nagamatsu-alt.com

9. S 邸

p.100-111

マスタープラン
一級建築士事務所

小谷和也

〒663-8135
兵庫県西宮市上田西町 3-43
0798-78-3033
https://reno.mpl.co.jp

10. S 邸

p.112-121

デザインライフ設計室

青木律典

〒195-0062
東京都町田市大蔵町 2038-21
042-860-2945
www.designlifestudio.jp

12. I 邸

p.134-143

伊礼智設計室

伊礼 智

〒171-0031
東京都豊島区目白 3-20-24
03-3565-7344
https://irei.exblog.jp

13. A 邸

p.144-155

遊空間設計室

高野保光

〒167-0022
東京都杉並区下井草 1-23-7
03-3301-7205
http://u-kuukan.jp

整う住まい。

いつも心地よく、いつまでも美しく

2021年3月13日　初版第一刷発行
2021年4月　7日　　　第二刷発行

発行者　澤井聖一
発行所　株式会社エクスナレッジ
〒106-0032
東京都港区六本木7-2-26
https://www.xknowledge.co.jp/

問い合わせ先　編集　Tel 03-3403-6796
Fax 03-3403-0582
info@xknowledge.co.jp
販売　Tel 03-3403-1321
Fax 03-3403-1829